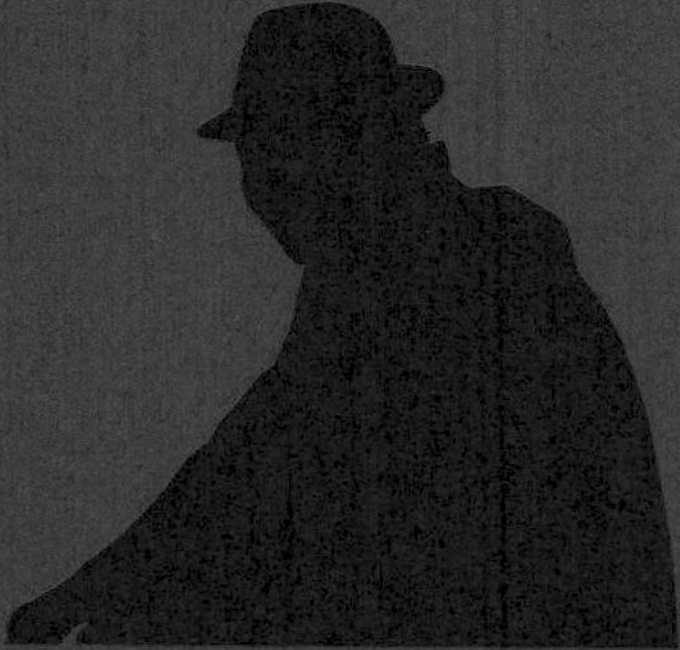

渥美清に逢いたい

山田洋次　黒柳徹子

マガジンハウス

第1作
『男はつらいよ』
（1969年）

第2作
『続 男はつらいよ』
（1969年）

第3作
『男はつらいよ フーテンの寅』
（1970年）

第4作
『新 男はつらいよ』
（1970年）

第5作
『男はつらいよ 望郷篇』
（1970年）

第6作
『男はつらいよ 純情篇』
（1971年）

第7作
『男はつらいよ 奮闘篇』
（1971年）

第8作
『男はつらいよ 寅次郎恋歌』
（1971年）

第9作
『男はつらいよ 柴又慕情』
（1972年）

第10作
『男はつらいよ 寅次郎夢枕』
（1972年）

渥美清に逢いたい

はじめに ——黒柳さんに会いにいく

山田洋次

『男はつらいよ』シリーズを一緒に作ってきた渥美清さん。彼がいなくなって30年。最近、改めて彼のことをあれこれ思うことが多い。僕の人生にとって、渥美清がどんなに大きな存在だったか。もっと深く、僕の知らない彼の一面を知りたいと考えるようになった。

そこで僕は、彼の大親友である黒柳徹子さんに会いに行くことにした。二人はテレビ放送がはじまって間もないころ、多くの番組で共演し、やがて親友同士になったという。僕に言わせれば天才同士、特別な才能をもつ二人。波長も並ではないのだから、深く共感し、気持ちが通じ合うのは当然だろう。『男はつらいよ』がはじまるずっと以前、浅草軽演劇の世界で大人気だった渥美清は、いかにしてテレビジョンの世界にやってきたのか。『夢であいましょう』『お父さんの季節』などテレビで大活躍していたころの話、演技から離れた素顔の渥美清を徹子さんならよくご存じに違いない。

そうして、徹子さんと二人でたくさんの話をして、今この本ができた。渥美さんは演じることを、どんなふうにとらえていたか。芸能の世界でどんなふうに生き抜いたのか。映画監督のぼくという人間をどんなふうにとらえていたか……興味深い話ばかりだ。

僕の人生にとって渥美清との出会いこそが特別なものであった。

渥美さんと徹子さんの物語を聞くうちに、徹子さんをマドンナにした脚本を書くことにしてみた。僕にとって大きな宿題となり、なかなか大変だった。『男はつらいよ』の最終回のマドンナは黒柳徹子だと、いつもどこかで夢想していたのだけれど、脚本として書き下ろすのは初めてのことだ。

もう一度、寅さんを撮りたかったなあ。実現できなかったことが残念でしかたない。

渥美さん、あたらしいホンができたよ。なかなかいいだろう？
幻の最新作『男はつらいよ　寅次郎福音篇』（抜粋）もぜひたのしんでお読みください。

令和6年9月

山田洋次

『渥美清に逢いたい』　目次

第1章　はじめましてテレビジョン　13

――おかしな男がスタジオに

第2章 寅さんになった日 ――『男はつらいよ』のはじまり 61

特別原稿　幻の最新作『男はつらいよ　寅次郎福音篇』（抜粋）

第1章
はじめまして テレビジョン
おかしな男が スタジオに

『夢であいましょう』『お父さんの季節』などテレビの黎明期《れいめいき》を彩った人気番組での共演をきっかけに、親友同士になる渥美清と黒柳徹子。しかし、二人の出会いは衝撃的なものだった。黒柳徹子の目から見た〝寅さん以前〟の渥美清とは。

おかしな男がスタジオに

黒柳 どうも、こんにちは。

山田 今日は徹子さんに、僕の知らない渥美さんの話をね、お聞きしたいと思ってとっても楽しみにしておりました。

黒柳 渥美清さんのことを私はずっと、「兄ちゃん」って呼んでいたんですね。芸能界の「母さん」は沢村貞子さん、「父さん」はその旦那さんの大橋恭彦《やすひこ》さん。兄ちゃんとは一時、毎日のように一緒にいたんです。多い時にはレギュラー番組を三本も共演していたから、リハーサルをして、生放送をして……本当に仲良しだった。でも、ちゃんと思い出せるかな？　たまに会うんだったら覚えていても、毎日一緒にいると、かえって覚えていないような気もします。

山田 徹子さんと渥美さんは一時、ＮＨＫのテレビ番組にまるでコンビのように出ていましたね。

黒柳 そうですね、テレビは本当にはじまったばかりで、テレビジョンっていいましたね。ドラマもまだ生放送が多かった頃です。

山田 『夢であいましょう』をはじめ優れた俳優や演出家たちが、みんなまだ若くて新しいものを作るんだと言って集まった時代。そういう熱い空気の中で、お二人は毎日一緒に過ごしていた。

黒柳 ええ、ほとんど毎日。週刊誌で、噂《うわさ》が出たことがありました。「あの二人は怪しい」と（笑）。そしたらね、渥美さんが「考えてご覧なさいよ、お嬢さん」って。私のことをお嬢さんって呼んでいたんですけどね、「僕の顔かたちとですよ、お嬢さんの声と喋《しゃべ》りかたとでね、そんな子どもが生まれたら、そりゃもうタレントにするしかないじゃないですか」って。

山田 立派な学者になんかならない（笑）。

黒柳 そう、ならない（笑）。そんなふうに言って、二人でおもしろがりましたね。いつも思ってたんだけど、あかぎれみたいな細い目で、あんなふうに世の中のことを鋭く見ていた人はいませんでした。

山田 ええ。僕も渥美さんのクローズアップはたくさん撮りましたが、あの小さい目が悲しみから、喜びから、いろんな感情を非常に豊かに表現する。寅がふーっと悲しくなる時の、あのなんとも言えない目。それにマドンナが現れた時の喜びの表現。豊かな目なんです、小さいけれどね。

黒柳 表現力のある目だったんですね。

山田 渥美さんと初めて会った時のことは、覚えていらっしゃいますか？

黒柳 『お父さんの季節』というドラマでした。渥美さんはお料理屋さんの下働きの役で、私はそのお店の娘役。「お箸で食べる洋食」というのをモットーにしているお料理屋さんでしたね。

山田 渥美さん、どんな感じがしました？

黒柳 変な人だと思いましたよ。私が座っているところに、渥美さんがお重だかお膳だかを、お箸でダンダン、ダンダン叩きながら近づいてきたんです。表情はあんまり覚えてないんですけど、つまりね、顔じゃなくて全体の雰囲気からすごく驚いた記憶があります。「この人は変な人かもしれない」と思って。でも、渥美さんは声がいいじゃないですか。その時も声をうんと使ってね、ちゃんとセリフを言っていまし

NHK『お父さんの季節』(1958～60年度放送)
黒柳徹子所蔵

た。セリフの掛け合いはうまくいったんですよ。でもすごく変な人だったなあ。

山田　ちょっと不気味でした？

黒柳　不気味という感じはしませんでしたけど。

山田　あはは（笑）。渥美さんは元々、浅草の芸人でしょう。「百万弗劇場《ひゃくまんどる》」や「フランス座」といった劇場でとにかく人気で、座長にまでなっている。黒柳さんはそういった評判はご存じだった？

黒柳　全然、全然。知らないです。私が子供のときに浅草に遊びに行くなんてことなかったんですよ。だいたい、浅草っていうところを知らない。渋谷から向こうは行ったことなかった。こういう人のそばに寄ったら大変なことになると思って、初めて一緒になったときは、私静かにしていました。

山田　黒柳さんは山手にお住まいでしたもんね。なんと言っても、お父様は有名なヴァイオリニストで、お母様も音楽学校の出身で、芸術一家。上野生まれの渥美さんとは過ごしてきた環境がはっきりと違っている。

黒柳　私は一応、山手で育ってね。自由が丘とか、洗足池《せんぞくいけ》とか、そういうところしか知らないから、「浅草に行ったらさらわれるかもしれない」と思っていました。もちろん今はそんなことは思っていませんよ！　浅草のことはね、井上ひさしさんはじめ、

山田　だんだんといろいろな方に出会う中で、ストリップ劇場があったり、そこでストリップの合間に寸劇があったり、いろんな人が舞台に立っていることも教わりました。それ以前は、浅草について全く知らなかったですね。エノケンさんは同じ番組で共演していたから、すこし古い浅草の話をよくお話ししてくださいましたけど、よくわからなかった。

黒柳　エノケンは戦前の浅草ですね。渥美さんたちは戦後の浅草ですから。

山田　そうですね。だけど浅草の話って、あんまりみんな聞こうとしなかったんです。それでも、良いお客さんが多くて、役者が舞台に出て寝てても文句言わないなんて話を聞きましたね。浅草ってそういうところなのかって、驚きました。

黒柳　そういう場所からやって来た渥美さんは、徹子さんと付き合いのあった他の俳優たちとは、ずいぶん違っていたわけですね。

山田　そう。池部良さんとも違うし、三木のり平さんとも違う。森繁久彌さんともやっぱり違っている。渥美さんはね、「洗いたての浅草」みたいな感じでしたね。

黒柳　まだすこし土がついているような。

山田　ええ。

「このアマ！」事件

山田 渥美さんがね、徹子さんに初めて会った時のことを話してくれたことがあったんです。

黒柳 渥美さん、なんて？

山田 非常に驚いたと言っていましたよ。「あの子、こんなとんがった顔で、細い黒いズボンはいて、ちゃちゃちゃっと歩くんだ」って。それまでそういう女性を見たことがなかったと。

黒柳 そうそう、私のこと〝カラス天狗《てんぐ》〟って言ったんですよ！

山田 渥美さんにとって徹子さんは出会ったことのないタイプだったんでしょうね。浅草あたりでは当時、〝いい女〟と言ったらふっくらとして、色白で、おっとりとして、ポチャっとして……そういう感じだったのかもしれない。

黒柳 たしかホン読みの時だったと思いますけれどね、渥美さんがあの細い目で、どことなくこちらの方を見たんです。それで私が、よく覚えていないんですが、何かを言ったんですよ。そしたら渥美さん、「なんだこのアマ！」ってね、言ったんですよ。

山田 「なんだこのアマ！」、か。それは渥美さん、本気でむかっときていたんですかね？

黒柳 むかっとしたんだと思いますよ。

山田 徹子さんは、何と返しましたか？

黒柳 「アマとおっしゃると？」と言い返したんです。私はその頃、今よりも言葉遣いが綺麗でしたからね。芸能界に入って日も浅かったですし、お嬢さんだったんです。

山田 そうか、「アマ」なんていう汚い言葉は知らなかったんだ（笑）。

黒柳 はい、知らなかった。そうしたら渥美さん、「あーやだやだ、この手の女は嫌だね！」って言ったんですよ。大きい声でですよ！

山田 みんなに聞こえるように？　その時、徹子さんはどんなふうに感じました？　その言い方は他のスタッフにとっては、怒ってる感じがするわけでしょ。ジョークとしてならともかく、かなり失礼な言い方ですよ。

黒柳 アマというのがなんだかわからなかったので、感想はありませんでしたね。なるほど、「この手の女は嫌だ」なんて言い方があるんだな、というぐらい（笑）。よっぽど嫌らしい、って思いました。

でもね、天の配剤といいますかね。『お父さんの季節』以外にも、どういうわけだか、渥美さんと恋人や夫婦になる役が多かったんです。

山田　そういう印象がありますよ。

黒柳　ええ。ある民放に出た時もそうでした。私はＮＨＫのテレビ女優としてスタートしたので、民放には出ることは滅多になかったんですけれどね。フランスに留学しているお嬢さんと、コックさんの役。やっぱり恋人同士でね。

山田　そうして共演しているうちに少しずつ、「渥美さんはただならぬ人間だ」と思うようになっていく訳ですか？

黒柳　うーん。ただならぬ人間とは思わなかったですね、あんまり（笑）。だけど「いい人かもしれない」とは思いはじめました。ちょっとずつ。「かもしれない」って（笑）。

大活躍の浅草時代

黒柳　いつからか渥美さんがね、テレビの現場にお友達を連れてくるようになったんです。「スリーポケッツ」というユニットを組んでいた谷幹一さんや関敬六さんたちを。すると谷さんなんかが私に、「あいつはね、座長だったんだよ。大したもんだったんだ」と教えてくれるの。

山田　浅草時代の活躍を聞かされた。

NHK『お父さんの季節』(1958〜60年度放送)
黒柳徹子所蔵

黒柳　はい。フランス座とか、それほど大きなところじゃないらしいんですけれどね。渥美さんは座長だから、うなぎの寝床みたいな楽屋の一番奥に座るんですって。中綿が出ているようなお座布団を敷いて、部屋着みたいなものを着て。それで一番端っこにいる若い人に「おい、行ってこい！」と言う。焼酎かなにかを買いに行かせるのね。若い人が慌てて瓶を抱えて行こうとすると、「おいおい嫌だねえ、馬鹿だね。むき出しで行くんじゃないよ、隠していくんだよ。着物に瓶を隠さないと、酒買いに行くってみんなにわかっちゃうじゃないか。思いやりが足りないよ」なんて。

山田　そうか。僕が渥美さんと付き合っている頃にはもう一滴も飲まなかったからね。その頃は、よっぽど飲んでいたんだ。

黒柳　すごかったみたいですよ。買ってきたお酒をお寿司屋さんにあるような湯呑《ゆの》みにダバダバッとあけて、ガーッと飲んでね。「さあ行くか」と。それで舞台に出て行って、たくさん笑わせて帰ってきたんだと聞きました。お酒で体壊して、入院したこともあったとか。ストリッパーの踊り子さんたちが、みんなお見舞いに行ったんですって。そしたらね、新聞に出たんですってそれが。クリスマスに浅草のコメディアンが病気になったので、踊り子たちがお見舞いに行っていると、なんて優しいことだろうみたいなね、そんな記事。それは渥美さんが無名の時代のことでしょうね、きっとね。

山田　ひとかどの俳優になる前ですね。

黒柳　そうです、そうだと思います。その話はもう、ずいぶんしばらく経《た》ってから谷さんから聞いたんだけど、渥美さんはただの一度もそんなこと言ったことないです。

山田　渥美さんはね、絶対に自分の自慢をしないです。

黒柳　そうでしたね。

山田　浅草の劇場では、渥美さんが登場するだけでいっぱいの観客が、ワーッと沸いたそうですね。それから二十分でも三十分でも、一人でおしゃべりをして延々と笑わせ続ける。凄《すさ》まじい力があったんですよ。

黒柳　ストリップとストリップの間にね。谷さんに「渥美さん、そんなにすごかったの？」と聞くと、「とにかくすごかったんだ」と言っていましたね。

山田　関敬六さんに聞いたことがあるんですが、本番中に渥美さんが気に入らないとね、舞台の上で殴られたって言うんですよ。痛くて、怖くて、逃げ回るんですって。すると追っかけてまた殴る。観客はその姿がおかしくてワーワー笑う。テレビや映画に出るようになってからと比べると、ずいぶん乱暴な芸ですが、それが浅草の舞台ではとんでもなくウケたんですね。

黒柳　私も聞いたことがあります。たとえば客席で新聞なんか持ってる人がいるとね、「おじさん、新聞持ってんの」とか言って、その新聞をもらうでしょう。ビリビリに破けたその新聞を見ながら、四十五分間くらい笑わせるんだって。当時の私は浅草の劇場の座長と言われてもあまりよくわからなかったんですが、それはすごいなって。

山田　座長ってなってもなかなかイメージが浮かばないしね。

黒柳　そうなの。〝座長〟っていうのが、なんだかわかんない。でもまあ、一緒にやってるうちにね、だんだんわかっていくのだけど……でも、いい加減なのよ！

山田　そうですね、「浅草の舞台ではいい加減なこと言ってましたよ」、ぐらいでおしまいになるんですよ。はぐらかしてね。でも、渥美さんが出ていって、観客がバーっと笑って笑って、涙が出るくらい笑って。僕はね、その笑いの質が、普通の笑いと違う気がするんです。渥美さんの芸で笑うときに観客はものすごく癒やされるっていうかな。惨めな人生だけど、俺も頑張って生きていこうという勇気をもらえるような笑い方を、みんながしたはずですよ。

黒柳　それこそ寅さんみたいな。

山田　渥美さんじゃなきゃ、そういう笑いを観客の心の中から掘り出すことができなかったんじゃないかなと思います。やっぱりすごいんですよ、単なるお笑い、ギャグで笑わせるのとは全然格が違う。

黒柳 うん、そうでしょうね。

山田 この、生きてる喜びみたいなものを観客に伝える。笑うことでね。

NHK、日曜夜8時

山田 そんな浅草の軽演劇出身からすれば、徹子さんと出ていたテレビドラマの世界は、もう本当に目の眩《くら》むようなところだったはずですよ。NHKといえば、テレビのメジャー中のメジャーですからね。

黒柳 そうですね。渥美さん、相当緊張していたと思いますよ。初めてスタジオに入るのに靴脱いで入ってきたって言うんですからね。

山田 靴を脱いだ？

黒柳 そう、聞いた話ですけれどね。「靴は履いたままでいいんですよ」と誰かが言ったら、渥美さんは「そうかい」って。「劇場じゃ舞台は神聖な場所だから、泥のついた靴なんかで入っちゃいけないんだよ。それで俺は脱いだんだけど、そうかい、みんな履いてんのかい」と言ったそうです。へえ、テレビってそうなんだって驚いたんだと思うんですけどね。

考えてみると、渥美さんと一緒に出ていたのは今の大河ドラマの時間なんです。日曜日の夜8時。

山田 そうか。エンターテインメントの中心番組ですね。

黒柳 ええ。NHKにとってはとても大事な時間帯で、その時々の〝今〟というものをやる。そういうものとして、『若い季節』を当時やっていたんです。

山田 渥美さんはずっと、「こんなんじゃ駄目だ、もっとまともなところに行きたいんだ」と思っていたそうですからね。軽演劇がまともじゃないという訳ではなく、つまり、もっとメジャーなところへ行きたいという激しい志向があった。

黒柳 そうでしょう。そんな感じがしましたね。

山田 渥美さんに聞いたけど、当時の芸能界の流れとしてね、まずは日劇に出るんですって。それから今度はテレビ、そして映画なんですって。

黒柳 日劇といえば、渥美さんの後に日劇に出演した人のことを話してましたね。初めて日劇に出るときはやっぱり緊張するようで、「おはようございます」って何度も言うんですって。もうさっき挨拶したのに「なんだかね、あいつは日劇だからってものすごくあがっちゃって、俺に何回もおはようございますって言ったんだよ」って渥美さんが教えてくれました。だから私は、〝日劇に出る〟ということは、そのくらい大事なんだと思いました。ただね、私は渥美さんが出たところは、見たことないんですよね。中村八大さんがジャズをやってたから、それはよく聞きに行ってたんですけどね。

山田 渥美さんは、日劇ではいろんな役をやっていたみたいです。役名もない、その他大勢みたいな役もね。そこからどんどん目立ってきた。日劇でもすでに目立っていたそうです。

黒柳 そうですか、私ちょっと知らなかったですね。ある日突然、もう本当に降って湧いたように渥美さんは来ましたね、スタジオに。

山田 テレビ業界ではじめに渥美さんに目をつけたのは誰なんだろうと思っていたんですよ。

黒柳 NHKのディレクターの岡崎栄さんかしら？

山田 その岡崎さんがご存じで、今回教えてくれました。渥美さんは、北条秀司さんが演出したドラマのエキストラに参加したんだそうです。

黒柳 へえ、そうだったの。

山田　たくさんのエキストラが演出をつけてもらうのを深夜まで待っていたのだけど、人だかりができているのを岡崎さんが見つけたそうなんですよ。男が一人、箱馬（舞台用の木箱）に平台を載せたステージでみんなを笑わせていた。それが渥美さんだったんです。それで岡崎さんが別の現場で「渥美清っていうの使ってみようと思うんだ」と言ったら、小野田勇《いさむ》さんが「浅草でちゃんとした役をやっている芸人だよ。絶対使った方がいいですよ」と言ったらしい。『夢であいましょう』の演出をしていた末盛憲彦さんは「え？　浅草でやっている渥美さんが出てきてるの？」と驚いたとか。

黒柳　それじゃあ、小野田さんや末盛さんは浅草時代を知ってたんだ。小野田さんは『若い季節』で脚本を書いていた方ですが、たしかにそういうことにも詳しい人でした。

山田　エキストラで参加しても、相当目立ってたんだね。やっぱり。

黒柳　永六輔さんも最初から渥美さんのことを気に入っていたというか、役者として何かを見込んでいるところがあって、ドラマの主役に近いことをやらせていましたね。後の渥美さんのように映画を背負って立つ人になるとは思ってなかったかもしれないけど、面白い人だとは思ってたんでしょうね。

山田　列車の車掌になる松竹の『拝啓天皇陛下様』とか東映の『列車シリーズ』とか、寅

㊤ 渥美清、映画初主演作。
監督：酒井欣也
共演：倍賞千恵子
映画『あいつばかりが何故もてる』

㊦ 監督：野村芳太郎
映画『拝啓天皇陛下様』

さん以前にも映画出演をされていたけど、徹子さんは有名になっていく渥美さんをご覧になっていて、「やっぱり有名になったな」って思いましたか？

黒柳 そう思いましたよ。元々おもしろい人だったから。

『夢であいましょう』

山田 『夢であいましょう』はどれくらい続きましたか？

黒柳 四、五年ですかしらね。はじめは『午後のおしゃべり』という番組で、昼間に放送していたんです。

山田 今、改めて『夢であいましょう』の出演者やスタッフを見ると、本当に多士済々ですね。脚本は永六輔、ディレクターには末盛憲彦。「上を向いて歩こう」がこの番組から生まれたのは有名な話ですが、その作曲家の中村八大、それに坂本九も出演している。そしてもちろん、徹子さんと渥美さん。相当優れた人たちが集まっていて、そのほとんどが同世代。

黒柳 そうですね、みんな本当に仲良しでした。

山田 台本はきちんとありましたか？

黒柳　永さんが書いた台本がちゃんとありました。基本的にはホン通りにやるんですければね、みんなが勝手なこと言ったり動いたりしだすと、すこし年上の末盛さんが「きちんと！　ちゃんとセリフを言ってください！　セリフは台本通り言ってください」と大声で言うんです。

山田　だいたい、永さんの脚本なんですか？

黒柳　そう、永さんがだいたい毎週、書いてました。渥美さんはひと言ふた言、好きなこと言ってましたね。中村八大さんがコントをやっているときは、「八っちゃん変えてやってもいい？」ってなんてこともあったなあ。私も「こう言っていい？」ってちょっと変えることもありました。でもだいたいは永さんが書いたホンの通りにやってました。山田さんは『夢であいましょう』、ご覧になったことありました？

山田　大好きで見ていましたよ。要はナンセンス・コメディですからね、本当に面白かったですね。改めて見ると、とても贅沢《ぜいたく》な感じがします。なんというのかな、豪華なセットがあって、バックミュージックもすべて本物のバンドが生演奏している。優れた才能のある人たちが集まって、必死になって考えていることが伝わってくる。とても豊かなものですよ。やはり、ディレクター末盛さんの世界ですか？

黒柳　そう、永さんが書いた脚本をもとに、末盛さんと美術の方がセットを作り込んでね。

山田 末盛さん、週に三日は徹夜してました。早く亡くなったんですよ。無理しすぎたのかもしれない。

黒柳 三日ぐらい徹夜で時間かけて作ったセット。役者たちはどういう心境で現場に入ってくものですか？

山田 全然気にしてないですね。

黒柳 (笑)。いやあ、若いからエネルギーがあったんだな。

山田 ずいぶん無理するし、ハプニングもたくさんあるのでほとんどのディレクターはね、胃潰瘍をやりました。岡崎さんもやったんじゃないかな。ほとんどみんなが胃潰瘍。

セリフ覚えこそ、役者の命

黒柳 生放送であれだけのコントや芝居をやるというのは、相当大変なことですね。本番直前に「リハーサルが十五分オーバーだったので、十五分巻きでお願いします」ということもあったと聞きましたよ。

山田 はい。そういう状態で本番が始まっちゃうこともありました。

黒柳 となると、やたら速く喋ったりする訳ですか？

「夢であいましょう」の仲間たち。
1964年（昭和39）大晦日の夜、豊川稲荷初詣にて
提供：永麻理

黒柳　十五分も縮めるようなことが起こるってことは、もうどこかの場面をカットするしかないですよね。「永さんの書いたあそこいらないから、カット！」というように。

山田　そうでなくとも誰かがセリフを忘れたり、トラブルみたいなことは起きる。

黒柳　起きます。

山田　トラブルに対応できなくちゃやっていけないんだ。

黒柳　そうですね。同じ時期にやっていた『若い季節』という生放送のドラマの話ですけれど、台本ができるのはだいたい直前なんですね。できたての台本のコピーを取って、慌ててみんなに回すんですが、当時のコピーした紙って濡れているんですよ。紫色でね。

山田　わかりますよ。なんだか酸っぱい匂いがしてね。

黒柳　そうそう。放送が四十五分あると結構な量になるんですが、それが濡《ぬ》れていると余計ぶ厚く、重くなる。座って読んでいると、お洋服の太もものあたりなんかも濡れちゃうの。

山田　まだガリ版刷りでしょう？

黒柳　はい。びしょびしょの台本をその場で覚えて、声に出してどんどんやっていく。もう一度稽古するときは、もう全員がホンを手放している。

山田　集中力がいるなあ、それは。

黒柳　そういう時にホン覚えるのが遅い人は、もうダメでしたね。

山田　ダメですか？

黒柳　ええ。辞めるしかない。セリフを覚えきれないからって辞めた方、ずいぶんいらっしゃいました。

黒柳　三木のり平さんも覚えられませんでしたね。だからあの人は、全部書いていました。メモ用紙なり小道具なり、すべてのところに。でも、どこに書いたかがわからなくなるのが問題でね、あちこち探すの。

山田　慌てふためくわけだ。

黒柳　私が「課長、ハンコください！」とか言うでしょう。三木さんはすぐそばにセリフが書いてあるはずなんだけど、もうその置き場所を覚えてないから、慌てて探す。それがおかしくて私が笑うと、課長役のまんま「何を笑っているんだね、君は！」なんて言う。「笑っちゃ駄目だよ、そういうふうに仕事場で」とかなんとか……。

山田　アドリブで時間を稼ぐわけですね。

黒柳　何でも口から出てくるんだから、もうその役になりきってね。

山田　セリフ書いたりするのは自分で？

黒柳　みんな自分で。私はほとんど書かなかったですよ。森繁さんとか三木のり平さんは、お弟子さんが書いてましたね。上田吉二郎《きちじろう》さんの場合、セリフを書いた長い巻紙をお弟子さんが持っていましたね。セリフの文字の途中にね、絵があるの。火山の爆発しているような、〝ボンッ！〟という感じの。「あれ、なんですか？」と聞いたんです。そしたらね、「火山の絵が出てきたら、『えっ！』と驚くんだ」って（笑）。「それなら『えっ！』と書けばいいじゃないの。山なんて爆発させてないで」って言ったの。

山田　おかしいね（笑）。

黒柳　それでセリフを覚えるのが早い人のところに、たくさんセリフが来るようになるんですよ。

山田　ああ、なるほど。

黒柳　私と母さん、つまり沢村さんは覚えが早かったから、ものすごくセリフがいっぱい来たんです。当日にね。

山田　渥美さんもきっと覚えが早かったはずですね。

黒柳　それはもちろん。

山田　徹子さんはどうやって覚えていたんですか、それほどたくさんのセリフを。

黒柳　そりゃあ一回読んで、バーっと覚えて。次にやるときはもう頭に入っていて、三回目には本番。ナマですから。

山田　すごいな。そうして活躍が増えて、人気が出てくるわけですね。

黒柳　そうそう。だから、セリフを早く覚えた人ほど有名になるのも早かった。セリフ覚えが早い人は、みんなで揃《そろ》ってお昼に行けた。覚えが悪い人は残って覚えなくちゃいけなかった。

山田　『夢であいましょう』の放送リストを見ていると、渥美さんも主役のような回がかなり早い時期からありますね。

黒柳　やっぱり人気が出るのは相当早かったですよ、兄ちゃんも。

インノケンティ・スモクトゥノフスキー！

黒柳　それから、こんなこともありました。ロシアの俳優で、モスクワ芸術座所属の、映画でハムレット役をやったすごい人がいたんです。お名前を〝インノケンティ・スモクトゥノフスキー〟とおっしゃってね。後になってモスクワでたまたま見た芝居でも主役をしていましたけれど、その人が『夢であいましょう』に出たことがあったんですよ。

山田 すごいな。

黒柳 だけど、彼の名前をみんななかなか覚えられないわけ。それでも「すみません、あのインノケンティ・スモクトゥノフスキーさん」とか、名前を呼ばなくちゃいけない。それで永さんがね、みんながちゃんと覚えるように「イチ、ニ、サン、はい！」って試験をするの。「私、覚えました」「よし、言ってみて」「インノケンティ・スモクトゥノフスキー！」「よし！　君は？」「インノケンティ・スモクトゥノフスキー！」「はい、次！」……とね。覚えられない人はそのシーンは、もう出なくていいとなる。私は今でも言えます。インノケンティ・スモクトゥノフスキー……ああ、そんな名前があるんだなあって思いながら覚えましたね。

山田 青春時代のような感じと同時に、もちろんプロの現場でもある。その現場で演技力を磨いたんじゃないかなって思ってたけど、そもそもセリフを覚えられて演技ができないと生き残れない世界だったということですね。

黒柳 うん。よく考えると過酷でした。

山田 そのチームが日本のエンターテイメントの主役だったんだよなぁ。ＮＨＫの８時台だもんなぁ。

黒柳　一番すごい枠でしょう？　……だけどＮＨＫに出ると、有名になるのは早いんですけど、お給料はあまり貰えなかったんです。収録の休憩時間にみんなでご飯を食べに行っても、お金がないの。

山田　これだけ錚々《そうそう》たる人たちが。

エビは一人２尾ずつ！

黒柳　お金がないからね、「今日、中国料理食べに行こう」というと大騒ぎでしたよ。行くには行くんですが、「エビチリなんか高いから頼んだらダメ！」と言っているのに、誰かが頼んじゃったりする。そうしたらエビチリが来るでしょ。私はぱっと見て、「１、２、３、４……。エビは一人２尾！」とか言っていたの。いっぱい食べる人がいると、食べられない人がいるかもしれないから。

山田　あはは（笑）。徹子さんは「班長さんだった」って渥美さん言っていたもんな。

黒柳　そう、食べ物の班長さん。それを聞いて渥美さんがね、「いつか数えなくてもいいように食わしてやるよ」とか、それこそお兄ちゃんみたいなことを言うんです。

山田　好きなだけ食えるようにと。

黒柳　そうなの。

山田　そういう時の言い方が、渥美さんは独特なんだなあ。「食わしてやるよ」なんてね。普通の大人の男には言えないセリフですよ。

黒柳　だけど、渥美さんがそういうふうに言ったら永さんがね、やっぱり考えがある人なのね。ちょうど仏さまについての本を出したころで、なんだか関連づけて「数えて食べるのは、悪いことではありません」とか言うの。「みんなで数えて、みんなで一緒に食べるために数えるっていうのはいいことです」なんて言ったりなんかして。

毎日タクシー

山田　僕が気になるのはね、「アマ」なんて言っていた渥美さんと徹子さんが、どんなふうに仲良くなっていったのかということなんです。

黒柳　どうだったかなあって、私もずいぶん考えたんです。それで、すっかり忘れていたんですけれどね、きっかけを思い出したんですよ。NHKで『若い季節』のディレクターをしていた岡崎栄さんが覚えていらしたんですが、テレビドラマで共演していたころ、収録の終わりが夜遅いので、NHKからの送りのタクシーがあったんです。

山田　ええ。

黒柳　同じ方向に帰る役者たちはタクシーに相乗りするんですけどね、渥美さんと私と、あと横山道代（通乃《みちの》）さんが一緒だったんですって。

山田　たまたま同じ方面だったんだ。

黒柳　そう。NHKに近い人から順番に降りていくんですが、横山道代さんが最初に降りて、それから渥美さんと私が二人きりになる。その時間にいろんな話をしていたという気がします。

山田　そうか。お互いはじめは「よくわからない人」だったのが、配役や帰り道で人柄がわかってくるんだ。

黒柳　ふふふふ、そうですね。撮影終わりですから、その日あったシーンのことだとか話したり、兄ちゃんからもいろんな話を聞きましたよ。お互いの家を話したりね。あの人は、あんまり家の話をしない人でしたけどね。でもまあ時々、息子や娘がどうのこうのって。

山田　演技を通して認め合うようなこともあったかもしれないけれど、毎週そうして一緒に帰っていたというのは、とても大きかったでしょうね。「兄ちゃん」「お嬢さん」という呼び方は、いつごろからするようになったんですか？

黒柳　どのくらいかな。ちょっと覚えていないけれど……。

山田　他の人たちのように「チャック」というあだ名で渥美さんが黒柳さんを呼んでいた時期もあったんですか？

黒柳　渥美さんはあんまり「チャック」とは呼ばなかったですね。呼んでいたかもしれないけど、わりとすぐに「お嬢さん」と言っていたかな。

山田　タクシーで一緒に帰っているうちに、「アマ」が「お嬢さん」になる。

黒柳　はい。それから仲良くなっていくと、兄ちゃんがまるで本当のお兄ちゃんみたいになってね。いろんな物を買ってくれたりもしました。

雨宿りの夜、青山〈Ｙｏｕｒｓ〉にて

黒柳　初めて買ってもらったのはお弁当箱ね。一番最初に買ってやるよって言ったのは雨が降った時。青山に〈Ｙｏｕｒｓ〉という外国の物やおしゃれなものを売っているスーパーマーケットがあったんです。夜中までやっているの。その日は雨宿りをしようと何人かで連れ立って入ったんです。

山田　ええ。

黒柳徹子所蔵

黒柳　そこに前から「欲しいな」と思っていた、宝石箱のかたちをしたお弁当箱が売っていたんです。ブリキの。宝石の絵がたくさん描いてあって、開けるとお弁当箱になっている。アメリカ製でね。欲しいなと思ってたんですけど、お小遣いもなかったし買えなかったの。そしたら渥美さんがね、「いいよ、買ってやるよ。どれがいいんだい」って言ったんです。「私、これ欲しい」って言って。本当に私は欲しかったんですよ。だけどもね、そのころ本当にお金なくてね。高いもんじゃないんですけども、買うんだったら他にもっと買わなきゃならないものがあったんで。

山田　「なにか買ってやるよ」か。

黒柳　そう。「前から欲しいと思ってたのと、ちゃんと同じやつかい」とか心配して言うんです。「同じです。これが欲しかったんだ」と私が言うと、「よかった、よかった」って。……それがなんて言うのかしら、ねだったんでもなく、さりとて、向こうはそれをくれたことによって何か見返りを求めてるわけではない。そういう関係で物を買ってもらうことって、あんまりないじゃない。

山田　そうですね、あんまりないことですね。渥美さん、きっと「買ってやるよ」って言いたかったんだな。

黒柳　そうなの、絶対そうなのよ。その言い方がね、大げさに言わないの。ちょっと旦那が言うみたいな「おう買ってやるよ」っていう。「何か買ってやるよ」って。でも、寅さんになってからだったら、ちょっとお店の人が困っちゃったかもしれない。

山田　ふふふ、なるほどね。

黒柳　それと、靴を買ってもらったこともありました。しばらく後になってからのことですけど、永さんとか、小沢昭一さんとか一緒に俳句の会をやっていた時にね。

山田　雑誌の『話の特集』の人たちが集まってやっていた句会ですね。渥美さん、実に巧みな句を詠んでいたんですよね。

黒柳　そうそう。句会は他の人たちとやっていたこともあったけど、その時は『話の特集』のみんなで。その日は会が終わってまだ時間が早かったんで、新宿に行ったんですよ。地下街を歩いていたら渥美さんがまた「何か買ってやるよ」って。

山田　やっぱりそういう言い方で。

黒柳　はい。靴屋に入ったら、新宿でないと売っていないような、びっくりするような靴があったのね。ハイヒール。かかとと靴底は金色、胴体が黒、つま先のリボンが金。踊り子さんの役で履くのにいいかもしれないから「これ買ってもらおう」と思ってね。履いてみたら、大きさもぴったりだったんです。でも、値段が一万五千円。当時としては高い靴だったな。「兄ちゃん、これ一万五千円だって。いいの？」そう聞くとやっぱり、「買ってやるよ」って言うんですよ。その辺に座ってね、本当に寅さんみたいに、「サイズはちょうどいいのか」「きつくねえか」とか、いろいろ言うの。

山田 渥美さんも嬉しいんだ。

黒柳 お店のお兄さんは笑っているのよ、渥美清さんがあれこれ言うから。それなのに「どうだい、小さくないかい、サイズちょうどいいかい」なんて、急にいつもより口数が多く、面倒見に来る。

山田 本当に嬉しかったんだろうなあ。嬉しくて、いろいろ言いたかったんですよね。「サイズは?」なんて言いたかったんですよ。

黒柳 そうそう、そういう感じ。言いたかったんだと思う。でもね、「買ってやるよ」なんてことを渥美さんは他の人に対しては、言わなかったんじゃないかな。人によっては、嬉しくないことかもしれないし。私は嬉しかったですよ、その時。「買ってやるよ」って言われて。

山田 普通そんなこと言ってくれないですよね、普通の人はね。

黒柳 その時、一緒に雨宿りしていたみんなに「私、兄ちゃんに買ってもらったよ!」と言ったら、永さんも、小沢さんも「いいねえ、それくらいの年になって、兄ちゃんに買ってもらって嬉しいだなんて、いいねえ」って言っていました。渥美さんは照れるでもなく、「いやあ、どうも」という感じなんですよ。

山田 「買ってやるよ」ってなかなか言えないんだ、他の人たちは。そうかもうみんな大人だからな。

黒柳 「買ってやるよ」なんてね、言えないじゃない？　渥美さんは言うの。だから、その靴屋でもうひとつ、全部で二つ買ってもらいました。「買ってやるよ」っていうその言い方がね、とってもいいの。私の人生で、聞いたことがないような。

山田 あまりお父様にも言われたことなかった？

黒柳 父なら「欲しいの？」って言ったかもしれないけど！

『星の王子さま』

山田 渥美さんにしてもね、徹子さんからそれはもう多くの影響を受けていたと思うんですよ。

黒柳 そうですねえ。一度ね、ずっと後になってから「今では僕は読書家なんて言われたりしますが、それはお嬢さんのおかげなんですよ」と言われたことがあります。

山田　僕らにしてみると、渥美さんは大変な読書家という印象がありますよ。徹子さんが勧められた？

黒柳　そうですね、「本をお読みになったら」と言って、『星の王子さま』をあげたんです。『クマのプーさん』もかな？　出会ってからそれほど経っていない頃で、「そんなにおっかない声で『このアマ！』『テメエこの野郎！』なんて言っていないで、たまには本を読みなさい」と言ってね。私に対して、「このアマ」とか言うわけですから、はじめは敵意を持っていたというのはわかりますよ。だから本でも読んだらいいと思ってね。

山田　「上等だよ、おまえなんか！」っていう。

黒柳　そうですよ。「何にもわかんねえだろう！」っていう感じだったと思いますよ。だけど、だんだん親しくていくうちに、私がユニセフの親善大使になったりとかね、あれこれやっていることを見てて、それですこしわかってくれたのかなとは思いますけどね。

山田　そういう出来事を超えて、やっぱりお互いに人間の魅力ってのはあるんだってことじゃないのかな。

黒柳　そうですよね。

山田　だから、渥美さんが、徹子さんと知り合ったってことは、彼にとって、人生にとてても大きな影響を与えたってことじゃないのかな。この人に最初に読書経験を与えるとすれば、ぜひ『星の王子さま』がいいとお思いになったの？

黒柳　そうです。あとはあの頃、渥美さんは「アフリカ！　アフリカ！」と言っていましたから。

山田　『ブワナ・トシの歌』というオールアフリカロケの映画の主演をしましたからね、渥美さんは。それ以来、休みがあるとよくアフリカに行っていました。

黒柳　はい。アフリカも出てくるし、この本だったら渥美さんもわかるかなと思ったんです、悪いけれど（笑）。きっと、ちゃんと読んでくれたのね。

山田　渥美さんのお嬢さんが徹子さんから貰った本を読んで、手紙を書いたことがあると聞きました。それがさっきの『星の王子さま』ですか？

黒柳　ああ、そうだ！　とても素敵なお手紙をいただきました。

山田　渥美さんがあとになって、お嬢さんに読ませたんですね。ある程度大きくなってから。

黒柳　そんなことがありました。思い出しました。

山田　その手紙を読んで、徹子さんが「可愛い詩人さんのお手紙ね」と言ったそうですよ。渥美さんはうちに帰って、すごく嬉しそうにそう話したそうです。

黒柳　そうそう、お嬢さん、まとめ方がすごく詩人みたいだったんです。

山田　渥美さんはいつも本読んでる人だったそうですよ、息子さんに言わせれば。

黒柳　そういうお父さんだったの、ああそう。

山田　僕らの前では滅多に本の話はしませんでしたけどね。意外に読んでるんですよね。本を徹子さんに初めてもらったということが、彼にとっては大きな大事な出来事だったと思いますよ。活字っていうものを読んで。

黒柳　それからもね、渥美さんからしょっちゅう電話がかかってくるんです。「お嬢さんは今、何を読んでますか」って。

山田　気になるんだな、徹子さんのような人がどんな本を読んでいるか。

黒柳　「今は別に何も」とか、「今は林芙美子《ふみこ》を読んでます」とか言うと、「ふーん」とだけ言うのね。もしかすると、私が言った本をそのあとで読んでいたのかもしれない。それは知りませんけど、なんだかんだ聞くの。私が、渥美さんの読んでいるものを尋ねると、流行りのものをどんどん読んでいるといってたなあ。

山田　僕が知り合った頃はもう読書家だったんだけども、渥美さんが本を買う時にはね、虎ノ門の方に行きつけの書店があったんだそうです。

黒柳　へえ。

山田　そこにはベテランの女性の店員がいる。渥美さんのこともよく知っていてね。「どうですか、近頃面白い本がありますか?」と渥美さんが尋ねるとその店員が、「そうですね、小説だとこの辺かな。評論だとこれで、エッセイはこれが面白いですね」と勧めてくれる。その中から三、四冊を選んで「はい、ありがとう」と買って帰るんだと。専門家に選択を委ねるという、なんと賢明な本の選び方かと思いますよね。店員も渥美さんが来ると思うから、一生懸命勉強して考えていたんでしょうね。どの本を勧めようかと。

黒柳　そういうところは本当に向上心のある人だったんだと思います。

山田　向上心があって、しかもなんというか、賢い。下手なインテリのように我を張らない、つまらない書評なんか読んで選んだりしないんです。

「お嬢さん、気をつけて!」

山田　当時、中村八大さんにしても、永六輔さんにしても、あるいは岡田真澄さんにしても、素敵な男性はたくさんいるわけですよね。その中で、特に徹子さんが渥美さんと仲良くなったのは、どうしてなんでしょうか？

黒柳 そうね、私もちょっとわかんないんです、なんで渥美さんとあんなに仲良くなったんだろうなって。私は興味があったと思うんですよ。渥美さんが出てきた浅草という場所への興味もあった気がします。

山田 なるほど。渥美さんという人間に興味があって、こんなに不思議な、しかも魅力的な人間を生んだ浅草ってどんなところだろうと、思われたんでしょうね。ともかく、徹子さんからすれば、未知の世界ですから。渥美さんの方も当然、徹子さんが育ったような山手に関心があったはずですよ。

黒柳 一緒に映画見に行ったりとか、ご飯食べに行ったりとか、何か買ってもらったりとか……たくさん一緒に過ごしていると、「変なところから来た人」という感じは、だんだんなくなってね、なんだか、いい人みたいな感じになっていきましたね。

山田 お二人は遊ぶ時、どんなふうに約束をしていましたか？

黒柳 電話で話したり、そうでなければ留守番電話で「何時にどこそこで」って入れ合っていましたね。だけど、どこで会ったんだろう？　よく考えてみるとね、渥美さんの住んでいた並木橋のアパートの入口のところまで私が行ったように思います。

山田　ああ、僕もそうやって会っていました。

黒柳　うちの方には渥美さんは来ないんですよ。並木橋に私が行くと、ちょっとしたら渥美さんが上から降りてきて、それで入口のあたりで会っていた覚えがあります。そんな時にね、アパートの人が私に声をかける時があるんです。「お嬢さん、あの人には気をつけた方がいいですよ」って。

山田　へぇ……ちょっと柄が悪いからかな（笑）。

黒柳　「人殺しだとかそういうんじゃないけどね、あそこんとこに来る知り合いが、あんまりよくないんだ」って。谷さんとかが来るからかな（笑）。「大丈夫！」って私は返事していました。

謎の女性の正体

山田　徹子さんにしても、自宅に行くというのは並木橋にいた頃まででですよね。渥美さんが仕事場にしていた代官山のアパートの場所はみんな知っているんだけれど、家族と住んでいた自宅は誰も知らなかった。

黒柳　ええ、そうでした。ご結婚なさって目黒に引っ越してからは、お家の近くで別れて

山田 いましたね。小沢昭一さんがどこかに書いている話ですが、どこかからタクシーで二人で帰った時に、代官山のアパートの前で渥美さんが「さよなら」と先に降りていったと。小沢さんはタクシーがまた走りはじめて少し行ったあたりで「あいつどうしてるかな」と思って「運転手さん、ちょっと停まってくれ」と言って振り返ると、渥美さんはアパートの前で手をあげていて、次のタクシーを停めて乗り込んで行っちゃった。つまり、自分の本当の家にね。あの仲の良かった小沢さんが相手でも、家にまっすぐ帰るんじゃなくて、わざわざ代官山経由で帰ったんだから。

黒柳 俳句の会の後は私が運転する車で、渥美さんを自宅まで送っていたんです。そうするとね、お家の近くまでは行くんだけど、すこし離れたあたりで降りると言うのよ。

山田 やっぱりそうでしたか。

黒柳 それでもずいぶんいいほうで、スタッフが送迎する時はもっと離れた大通りまでしか行けなかったそうですよ。ある時、お家がまだすこし離れたあたりで「ここでいいよ」と言うんです。だけどその時、通りの向こうの方に女の人が立っていたんですよ。私はなんだか怪しいと思って、「だめ、あそこに女の人がいるでしょう。もしかしたら、変なファンの人かもしれない。どっか行くまでもう少し待ちましょう」

と言いました。「うん、じゃあちょっと待とうか」なんて渥美さんも言うので、二十分くらいかしら、その辺を車で走って回って、戻ってみたらもういなかったから、「今なら大丈夫、降りて!」と言ってね。

山田 ええ。

黒柳 渥美さんは素直に降りていきましたけれど、ずっと後になって奥さまから聞いたら、その女性、奥さまだったんですって(笑)。「もうそろそろ帰ってくる頃だな」と思って、ちょっと表に出て待っていたところだった。仲の良い夫婦なんですよね。渥美さんも当然、奥さまだとわかっていたんだけど、私が「だめ!」と強く言うものだから。「笑っちゃうね」とお家に帰って二人で話していたと聞きました。

山田 息子さんの話だと、若い頃は夫婦の間でそういう習慣があったそうですよ。渥美さんが帰る頃に、奥さんが外に出て待っている。それで一緒にうちに帰ってきて、玄関に入るとハグする。日本にそんな夫婦あまりいませんよ。

黒柳 そう! 渥美さんに尋ねてみたことがあるんです。「あなたそんなふうに仕事場に泊まったり、大船の撮影所の方に泊まったりしてなかなか帰らないと、お家はどういうふうになってるの?」「奥さんとはどういうふうに暮らしてるの?」「うち帰ったとき、なんて言うの?」ってね。そしたら「うん、玄関入ったらまず、こう抱くね」と言ったんですよ。

山田 そう、そう。

黒柳 たしかに結婚前に言っていたんですよ。「女は小さいのがいいよね、腕の中にすっぽりと入るような女がいい」って。きっと、奥さんのことを考えて言っていたのね。私は全然、すっぽり入るような女じゃなかった（笑）。「子どもはハグしているとこ見てどうしてんの？」と聞くとね、「嬉しそうにしてる」って言うの。それで私、しばらくしてまた聞いたんです。「今でも玄関で抱いてるの？」そしたら渥美さん「抱いてる」って。「子どもはどうしてる？」と聞くとね、「ちょっと恥ずかしそうな顔してる」って言ってた。

山田 子どもたちが思春期になった（笑）。

黒柳 さらに後になって「今でも奥さん抱いてるの？」と聞くと、「ずっと同じように抱いてるよ」って言うのよね。「子どももどうしてる？」と尋ねたら、「『ふん』なんて言って、呆《あき》れた顔していなくなるよ」って、そんなこと言っていましたけどね。ずっと後になって奥さまにお目にかかった時に聞いてみたら、本当にいつも帰ってきたらハグしていたんですって。小柄な奥さまでね、すぽっと腕の中に入りそうな感じ。そうか、本当のこと話していたんだなと思ったんです。

山田　それにしても不思議ですね。だってあなたは一番の親友なんだから、車で送って立っているところを見つけたら、ちょっと紹介するぐらいしてもいいと思うんだけれども。

黒柳　しないんです。「あれは家内だよ」と言ってくれれば「そうなの」で終わるのに、それも言わない。本当に徹底的でした。家族を守っていたのね。

第2章
寅さんになった日
『男はつらいよ』のはじまり

渥美清は映画界にも進出。その実力が大いに認められるとともに、1968年には役者人生の代名詞となる『男はつらいよ』のドラマ版が放送、翌年に映画第一作が公開。四十一歳となったこの年は渥美清にとって、結婚して家庭を持つという転機でもあった。

山田洋次、渥美清に出会う

黒柳 そもそもどんなきっかけで、〝寅さん〟という人をお考えになったんですか?

山田 僕はまず『男はつらいよ』の前に、ハナ肇主演の喜劇を何本か作っていたんです。

黒柳 そうですよね。

山田 あの頃はよく〝特別出演〟という形で、いろいろな俳優が映画に出ていたんですよ。「こんなにいっぱい面白い俳優が出ていますよ」という作り方をしたものでした。それである時、人気のコメディアンの渥美清を出せと会社から言われた。

黒柳 そうだったの。

山田 しかしスケジュールは一日しか取れないから、ワンシーンだけ。そういうわけで

『馬鹿まるだし』という映画に一日だけ、渥美さんが来たんです。

黒柳 どんな印象でした？

山田 「なんだかうるさい俳優が来たな」と思いましたね（笑）。当時の彼はね、間を置かないでモーレツな芝居をするんです。アドリブを機関銃のようにまくしたてて「どうだ、どうだ」というような。ハナ肇も、同じクレイジーキャッツの犬塚弘も渥美さんの圧倒的な珍演技に面食らって、オロオロしてしまう。僕としても気を張りっぱなしでした。

黒柳 座長芝居だったのね。

山田 ええ。なんだかものすごい芝居なんです。ようやく撮り終えて、お疲れ様でしたと挨拶した時に、渥美さんが言ったんです。「山田さん、今度は長いので付き合いましょうね！」と。

黒柳 「長いの」？

山田 つまりそれはね、ワンシーンの特別出演ではなくて、映画一本丸ごと、主演で、という意味なんです。そんなやりとりがあってからしばらくしてフジテレビのプロデューサーから、「渥美清主演シリーズを作るから脚本を書いてくれ」と言われたんです。「ああ、渥美さんのご指名だ」と感じましたね。渥美さんが、「彼に書かせたらどうだ」と言ったんじゃないのかな。あくまで想像だけど。

黒柳　そうだったのね。『男はつらいよ』は、はじめはテレビドラマでしたものね。

山田　それが『男はつらいよ』の本当のはじまりなんです。監督と俳優というと、監督が俳優を選ぶというふうに考えがちだけど、違う。僕が選んだんじゃなくて、渥美さんが僕を選んだんだ。近頃しきりにそのことについて改めて考えていますね。とにかくそれで、「やってみましょう。その代わり、渥美さんという人のことをもっと知りたいから、一度会いたい」と言ったんです。そしたら渥美さんはすぐに、僕がいつも籠もっていた赤坂の旅館に来てくれた。お昼から夕方ぐらいまで、本当にたっぷり面白い話をしてくれました。その中で、彼が少年時代に憧れたテキ屋の話が出てきたんです。「白く咲いたか百合の花、色が白くて水くさい、四谷赤坂麹町、粋な姉ちゃん立ちションベン」なんてずうっと僕の目の前でやってくれる。

黒柳　あはは（笑）。

山田　この人、どうしてこんなにたくさん覚えているんだろうと驚きました。まあ。それが寅さんのはじまりですね。

黒柳　その寅さんがとっても人気になって、映画になる。

山田　そうですね。半年続けたドラマの最終回でケリをつけようとして、寅次郎が奄美大

映画『馬鹿まるだし』
©1964 松竹

島でハブにかまれて死んだ、という終わりにした。それが視聴者からの評判が悪くて、叱られて。電話や手紙でものすごい抗議を受けてしまって、ああ、視聴者はこんなにも寅次郎というキャラクターを愛してくれていたのかと、僕は反省しました。ドラマでは脚本だけで演出をしていなかったので、それじゃあ映画では監督として、もう一度寅さんに息を吹き返してもらおうと思ったんです。

寅さん誕生

黒柳 それじゃあ、しっかり一緒に撮影をしたのは映画がはじめてだったんですね。

山田 ええ、だけど……。渥美さんはどうしても『馬鹿まるだし』の時と同じように、ひとつ余分な芝居をするんです。「その芝居いらない。やめてください」としょっちゅう言わなくてはいけなくて、本当に疲れた。

黒柳 たしかにそういうお芝居をしていた気もします。

山田 そうでしょう。だけどね、これが本当に驚くべきことなんですが、第一作だけだったんです。僕が渥美さんの過剰な演技に関して、苦労したというのは。第一作は大騒ぎの果てに寅次郎の妹のさくらが、裏の印刷所の工員の博と結婚を決心する。博

国民的人気映画シリーズ第1作目
映画『男はつらいよ』

を追って飛び出したさくらが団子屋《だんご》に帰ってくるんですね。そして息を弾ませながら、まっすぐ寅のところに来て「お兄ちゃん、私、博さんと結婚する。いいでしょう」と言う。

黒柳 はい。

山田 寅はそこで頷《うなず》くんだけども、その頷きには戸惑いがあるんですね。どういう戸惑いかと言えば、一つには、でたらめなことばかりしているいい加減な兄貴のじぶんに、この賢い妹が許可を求めるということ。そんなことしなくていいはずなのに、妹が自分のことを兄さんとして立ててくれていることへの戸惑いですね。

黒柳 はい。

山田 もう一つは、自分の妹が何かキラキラと輝いてる、幸福にね。「結婚するわ」という、そのキラキラと輝くような妹の幸福な表情を見ることの戸惑い。だからこそ、寅次郎にはしばらくぼんやり妹の顔を見ていてほしい。その間がどうしても欲しかったんですね。

黒柳 うん、うん。

山田 でもね、渥美さんはそれができなかった。あっち向いたり、あれこれ動いたり、無駄な芝居で間を埋めてしまう。撮影現場では、僕はまあいいかと思って、結局はO

Kにしたんです。しかし、それからシーンを全部繋いで、オールラッシュというものを試写室でした時に……やっぱり、そのシーンが気になる。しばらくじっとして5秒ぐらい間を置いてから、うんと頷いてほしい。だけど、撮影はもう終わっている。

黒柳 どうなさったんですか？

山田 結局、撮影所長に頼んで、もう一回撮らせてもらったんです。クローズアップのシーンだけ、バックのセットはほんの一部でいいからと、お金をなるべくかけないで作ってもらってね。渥美さんに「もう一回だけ」とお願いしました。「僕がいいと合図を出すまで、顔を動かさないでくれ。合図で『うん』と頷いたら、僕がいいと言うまでまっすぐ見ていてください。ここにさくらがいますからね。ヨーイ、はい！」と。その時は流石に、渥美さんは動かなかった。「はい、これでいいです」と、納得のいくアップが撮れたわけです。

黒柳 すごい。

山田 それで完成した映画が、会社の予想に反してヒットしたんですね。「テレビドラマなんかでやっているものが、映画で当たるわけがない」と当時はみんな思っていましたから。そうなると、あの頃はよくあったことだけれど、すぐにでも続編を作ってくれとなるんです。

黒柳 たしかに多かったですね、そういうの。

山田 僕にしても、ちょっといい気持ちですからね（笑）。続編を作る決心をしたんだけれども、「また渥美さんとああいった格闘があるのか」と思うと、ちょっとつらい気がした。でもしょうがない、やるか、と。ところがね、二作目の撮影の時にはもう、僕が思うような芝居をちゃんとしてくれるんです。

黒柳 はじめから？

山田 ええ。もう何も言う必要がない、余分な芝居はしないんです。びっくりしましたね。「この人は俺のことわかってくれているんだ」と思いました。僕は本当に気持ちよく、楽に続編を撮影できたんですよ。二人の気がぴったり合ったというんですかね。渥美さんのそういうことができる魅力、見抜く賢さというかな。

黒柳 そこで我を張らないというところがね。

山田 そう。たぶん映画館に行って、自分で観て、すっかり理解したんでしょうね。こっちの方がいいとわかれば、もうスッと芝居を変えてしまえる。大変な才能ですよね。

ジェントルマン・渥美清

山田 徹子さんは渥美さんとよく一緒に映画を観に行ったとか?

黒柳 寅さんもよく観に行っていました。お正月の頃になるとね、「どうだい! お嬢さん行くかい」って電話がかかってくるんです。

山田 テレビで共演するようなことはなくなってからのことですね。

黒柳 そうです。一緒に出ることはなくなっても、演劇を観たり、映画を観たり、俳句の句会に出かけたり、たくさん遊んでいたんです。たいていは新宿の「松竹劇場」に行きましたね。二人で劇場の階段を降りて行くと、切符を売る女の人が笑うんですよ。なんだかおかしいんでしょうね、だって今やっている映画のスターが、私と一緒に歩いて観に来ているんだものね。

山田 おかしいでしょうね(笑)。

黒柳 映画がはじまってみんながワーッと笑うでしょう。私も声出して笑うでしょう。渥美さんはね、映画を観ながら、でもみんながどのくらい笑うのかを、ちゃんと見ていたような気がします。「面白かったよ、兄ちゃん」というふうに言うと、「そうかい」なんてね。本当に面白かった。

山田 いくつか映画館を巡って、それぞれの観客の反応を渥美さんは見ていたと聞きましたね。熱心なんですよ。あるお正月にたまには親孝行でもしようと思って、まだ元気だった母親を連れて寅さんを観に行ったことがあったんです。渋谷の映画館にね。そしたら、大勢のお客の中に渥美さんいるのがすぐわかったの。いつもの帽子とサングラス、マスク姿の渥美さんがいるなと思って。休み時間にロビーで会って「お袋です」なんて挨拶したんです。そしたら、渥美さんすっと姿勢を正して帽子を取り、それからマスクを取り、手袋をスマートにはずすとその手を出して、おふくろと握手した。「息子さんに大変お世話になっております」と一礼して、すっと去って行った。僕のおふくろ、呆然《ぼうぜん》とその後ろ姿を見ながらため息まじりに「ジェントルマンね」って言ったんです。僕も、本当にジェントルマンだと思った。とても綺麗な仕草。動作のすべてがきまってるんです。それに話し方、実に紳士的でした。外国で育って英語の上手なおふくろがこんなにうっとりすることもあんまりないと思いましたね。

黒柳 やればできるんだ！

山田 徹子さんが最初は怖かったって言うけども、怖かった渥美さんがやればきちんとジ

映画『男はつらいよ 私の寅さん』
大船撮影所の会議室にて打合わせ
©1973松竹

エントルマンになっちゃうというね。それがすごいですよね。

黒柳 何かそういう紳士的なものが寅さんの内側にあるのを、お客さんもわかるんじゃないですかね。だんだん寅さんを見ていると。

山田 そうね。この人は何もかもわかってくれてるっていうのかな。絶対安心な人だというのかな。

黒柳 そうですよね。

山田 渥美さんが生きてたら、いいな。生きてたら映画作りたいな、いくらでもなあ。

いてもいなくても、そこに寅

黒柳 寅さんの映画で私が本当に好きなのは、いつもお団子屋さんでおばちゃんや、おじちゃんや、さくらさんたちが集まって、「今頃寅はどうしてるかねえ」と話すでしょう、あそこ。そうするとちょうど、寅さんが表をウロウロしはじめて、店に入ろうか、やめようかと行ったり来たりするじゃないですか。あのシーンを頭に浮かべただけで、もう笑えちゃう！

山田 まもなく現れるな、と思うときがね、もうおかしいんですよ。

黒柳　私、あんまりおかしくてね。おばちゃん役の三崎千恵子さんに聞いたことがあるんですよ。「向こうで寅さんがこれから出てくるっていうことがわかってるのに、あのシーンの撮影の時、おかしくないの？」と。そしたら、「すごくおかしい、何回もそれでNG出した」とおっしゃっていました（笑）。みんなで笑っちゃうんだって。出てこなくても笑わせちゃうって、すごいですよね。

山田　あのくだりの原作は、落語です。「笠碁《かさご》」という有名な噺《はなし》ですね。喧嘩をした囲碁仲間が表をウロウロしているのを、仲直りして打ちたいから「早く入ってくれ、入ってくれ」と思う男の話がヒントになっています。

黒柳　そうですか、「笠碁」から。それを映像でやるから面白いんですよね。

山田　観客はイメージを浮かべるんですよ、寅さんがどう入ってくるかと。それだけでもうおかしくなる。それは本当に、役者として一番嬉しいことじゃないでしょうか。

黒柳　本当に。寅が柴又に帰ってくる冒頭のシーンなんかもそうですね。毎回帰ってきますよね。これはじめはわかんなかったんだけど、だんだんもう帰ってくるなと思って、もう本当に見ないうちから笑いましたもんね。

山田　画面にいようがいまいが、ずっと彼の残像が漂っているということですね。「さくら、博と仲良くしろよ。あばよ」と立ち去り、さくらが見送りに追いかけていく。そうして舞台からいなくなっても、いつまでも観客はそこに渥美さんの残像を感じている。それって、どんな役者でもできるわけじゃない。

比類なき演技の妙

黒柳　渥美さんのお芝居は、どうしてあんなに面白いんだとお思いになりますか？　演技の秘密というのかな。

山田　そうだねえ。渥美さんが話をはじめようとすると、その顔だけで観ている人はもうおかしくなるでしょう（笑）。話をしなくたっていいんですよ。

黒柳　ええ、ええ。

山田　「俺はまだ何も話してないのに、あなたたち笑ってるじゃないか」ということになる。つまり、観客に笑う準備をさせてしまう。そういうことができる本当に珍しい俳優ですよね。

黒柳　チャップリンみたいですよね。

山田　まさしくね。彼が言うにはね、「観客はみんな舞台の方に握手の手を伸ばしているんです。役者はその一つ一つに握手していくんですよ」と。観客との心の通い合いというのかな、それがわかっている人、それが実現できる人なんです。

黒柳　たしかにね、『夢であいましょう』なんかで二人でやっている時も、なんだかよくわからないけれどお互いに笑ってしまう、ということがありました。

山田　そうでしょう。徹子さんにもそういうところがあるんです。渥美さんや徹子さんがいかにも笑わせるぞ、ということをしなくたって、観客はもう笑う準備ができてしまっている。

黒柳　そういうものですかね。

山田　渥美さんの芝居でいうとね、映画の中で、柴又を歩いている寅に蕎麦屋の出前持ちの兄ちゃんが、「おーい寅さん、暑いね」と挨拶すると、「おう、お前でも暑いか」なんて返す掛け合いがあるんですよ。

黒柳　はい（笑）。

山田　あれは、渥美さんのアドリブなんです。僕はね、そんな挨拶の仕方があるのかって感心するんですよ。「お前でも暑いか」というのはつまり、「お前でも人並みに暑いんだね」という、相当馬鹿にしたセリフなんです。

黒柳　ほんとね、そうですよね。

山田　だけど、渥美さんが言うと愛情の表現になるんです。相手にしても「なんだこの野郎」と言い返すんだけども、言い合いをしながら互いに親愛の情を確かめるというのかな。「おい、魚屋。相変わらず馬鹿か」なんて、相当ひどい（笑）。だけど渥美さんが言うと、それが許される。

黒柳 全然、嫌じゃないのね。

山田 そう、嫌じゃないんだな。悪口でも言われて嬉しいという感じがするんですよ。

黒柳 どうしてでしょうね？

山田 第八作までおいちゃん役を務めていた森川信さんにも、近いものがありました。森川さんは浅草出身で、渥美さんの盟友です。おいちゃんは甥である寅次郎に対してしょっちゅう「馬鹿だねえ」と言う。本当にしみじみと「馬鹿だねえ」って。それで観客はどっと笑うんですよね。

黒柳 ええ、とっても笑いますね。

山田 「馬鹿」というのは、明らかに侮辱してる言葉でしょう。そんじょそこらの役者が言ったら、嫌な感じがしてしまう。だけど森川さんが言うと、おかしい。

黒柳 そうですね。

山田 森川さんが「馬鹿だねえ」と言う時の顔は、「お前は馬鹿だけども、その馬鹿っぷりを俺はよく知っている」という感じがあるんです。「考えてみれば、若い時には

黒柳　俺だって相当馬鹿なことばかりやってきたんだ」という、同情というのかな。だからこそしみじみと呆れる訳ですが、そうした思いまで含めて、「馬鹿だねえ」という表現がある。複雑な心境を観客が感じ取るからこそ、おかしくなる。

山田　共感しているような感じね。

黒柳　昔、渥美さんに尋ねたことがあります。森川さんの「馬鹿だねえ」はすごい、あれは他の役者には言えない。あのひと言のセリフで笑いを取るというのはやはり、浅草での二十年、三十年という芸が肥やしになっているのかしら、と。

山田　うん、うん。

黒柳　そしたら渥美さんはね。「いいえ。持って生まれた才能です」と。言い切ったんですね。

山田　そうなんです。経験では補いがたい才能を持っている人の存在を、才能がある人はわかるんですね。

寅はスーツを着ない⁉

山田　渥美さんはそれで『男をつらいよ』がはじまった頃から、他の作品に出るのを控えるようになりました。徹子さんも『徹子の部屋』をはじめてからは、テレビドラマに出演しないようになったとおっしゃっていますね。

黒柳 そうですね。舞台はもちろん続けてきましたけれど、テレビドラマはある時からあまり出ないようにしました。

山田 そういった仕事のことで、渥美さんと相談したこともありましたか？

黒柳 相談というのはしませんでしたね。私の場合、きっかけがあったんです。ある時、テレビドラマでほろ酔い加減の芸者さんの役をやったんです。それがね、とってもね、上手だったらしいの。まずリハーサルをやって、そのあとで撮ったシーンをスタジオで確認する。〝送り返し〟と言いますけれど。

山田 ええ。

黒柳 その送り返しを見ていると、小道具さんが私に言うんです。「本当は飲んでいるんでしょう？」って。「徳利にお水入れてくれたの、あなたじゃない。あれで演ってんのよ」と言うんだけど、「いやいや、本当は飲んでるんだよね！」なんて他の仲間に言うんですよ。その時、思ったんです。こんなに近くにいる人でもそう信じちゃうんだったら、テレビを見ている人はもっとそう思うかもしれない。演じる役柄によって、黒柳徹子は酒飲みなんだとか、あれこれ好き勝手思われてしまうかもしれない。そんなわけで『徹子の部屋』でお昼にいろんな方からああやってお話を聞く以上、ドラマにはもう出ない方がいいなと思って、それでドラマやめたんです。

山田　あまりにうまく騙《だま》せてしまったんだ。

黒柳　そうそう。司会とか舞台ならいいんだけど、テレビは本当にたくさんの人が観るでしょう。だからテレビドラマはやめようとね。

山田　渥美さんはさらに極端に、他の作品に出なくなっていった。その心境は、徹子さんには何となく想像できますか？

黒柳　わかりますよ、とっても。

山田　その感覚は、二人だけにわかることかもしれないですね。渥美さんの寅次郎にしても、徹子さんにしても、日本中の誰もが知る二大キャラクターと言ってもおかしくない存在だった訳ですから。その二人が同じようなことを考えて、決断しているというのはとても面白いことです。渥美さんは元々、行きつけのテーラーがあったんですよ。そこでいろんなスーツを作っていたんだけれど、寅さんがはじまって何作目かの時、そのスーツをすべて処分しちゃったらしいんです。

黒柳　せっかく仕立てたのに？

山田　ええ。もうそういう恰好はしないという覚悟だった。

黒柳　もう寅さんだからということですね。

山田　冬は黒いジャンパー、夏は白いシャツ。それ以外いらない、それ以外着ない。困ったのはね、渥美さんが寅次郎の役で「毎日芸術賞」を受賞した時ですよ。授賞式の日、たまたま渥美さんも僕も松竹の本社にいて、「今日は授賞式ですね」と声をかけたら、「私は行きませんよ」と言うんです。「どうして?」と聞いたら、「背広がありませんからね」と。そんな馬鹿なと言って宣伝部に行って、「おーい、誰か背広を貸せ!」(笑)。立派な賞ですからね、僕たちも受賞が嬉しいんだから貰いに行ってほしいんだ。上着だけでもいいからと一人のブレザーを借りて、ネクタイとワイシャツも渥美さんに着させて、「じゃあ、行ってください」と。

黒柳　大変ね(笑)。

山田　おしゃれをやめると決めたということですね。

最初で最後の『徹子の部屋』

黒柳　渥美さん、『徹子の部屋』にも何度も誘ったんですけれど、全然出てくれなかったんです。

山田 一度、倍賞千恵子さんと一緒に出ていましたね。

黒柳 そう、お正月の回で。それが最初で最後。放送がはじまってすぐの頃には出てくれそうな気配もあったんですけど、気が変わったみたいでね。「みなさん、お話がお上手じゃないですか。僕の話を聞きたい人なんていませんよ」「僕の話なんて、面白くなんかないんですから。他の方の話を聞いてください」って言って。

山田 そんなこと言いましたか。

黒柳 「そう言わずに、あなた友達なんだからとにかく出てよ！」と言いましたけれど、最後までお一人では出ませんでした。やっぱりね、寅さんを演じるようになって、そのイメージでみんなに見られると、「普通に話しているのでは、寅さんと違って面白くないな」なんて言われると思ったのかもしれませんね。きっとね、そういう理由だと思うの。

寅さんシリーズ存続危機⁉

黒柳 それにしても寅さんが何十年も続くとは、もちろんお思いにならなかったでしょう？

山田　それはそうですよ。

黒柳　このあいだ撮られたのも入れると、五十作ですってね。

山田　ええ。七作目が終わったあたりでね、「これは一体いつまで続くんだろう」と考えていたんです。その頃の日本映画というのは、四作目あたりまでならシリーズになることもあった。だけど六作、七作、八作……というのはなかったんです。『男はつらいよ』もいつまでも続けるものではないだろう、この辺で打ち止めにしよう。そう思って渥美さんに相談しました。

黒柳　なんておっしゃいました？

山田　渥美さんはね、「そうしましょう」とか「もうちょっと続けましょう」とか、そういうダイレクトな返事はしないんです。その時はね、「このあいだ、ロケーションからの帰りに、東京駅で……」と話しはじめるんですよ。

黒柳　ええ。

山田　渥美さんが近くにいたサラリーマンから声をかけられたらしいんです。「よう、寅さん、映画観てるぞ」って。その別れ際にね、「じゃあ、渥美清によろしくね」と。

黒柳　「渥美清によろしくね」か。

山田　その話で僕を笑わせたあとで、彼は「私は、つまり、この田所康雄は車寅次郎に追い越されていくんじゃないかという不安を感じましてね」と、そう言うんです。

黒柳　うん、うん。

山田　それは、「だから辞めたい」という意味ではないんですよ。たとえばね、ああいう三枚目のキャラクターを演じていると、「本当の自分はもっとまともなのに」と考える役者もいます。渥美さんの場合だと「車寅次郎というキャラクターは愚かな男で、年中女に惚《ほ》れては振られている。だけど、俺はもうちょっとまともで……」ということですね。

黒柳　ええ。

山田　だけど渥美さんは違った。むしろ、反対なんです。駅でそんなふうに声をかけてくる人がいる。寅次郎が本当にいるのだと思って、その人物に観客たちは大笑いしている。……だとすれば車寅次郎というのは、愚行を繰り返すダメ人間として立派な存在感がある男じゃないか。俺は、田所康雄は、もっともっと一生懸命努力して演じなくちゃ、車寅次郎に馬鹿にされてしまう、本当の意味で追い越されてしまうんじゃないか――その時、渥美さんが話したのはそういうことでした。そしてそのまま席を立って、「さよなら」と言って帰っちゃった。僕は「もうこのシリーズを止めませんか」と相談したのだけれどね。それが、彼の返事だったんです。つまり、「もっとやりませんか、続けましょう」ということですね。

黒柳 そうでしょう、きっと。

山田 そういう受け答えする人ですよね。婉曲《えんきょく》に言って理解をさせる。

批評への態度

黒柳 思い出すとね、渥美さんて何かの感想とか悪口みたいな批評とか、そういうことは全然言わない人でした。

山田 映画や舞台のこと、渥美さんが感想や何か話してた記憶ありません？

黒柳 あんまり自分の感想は言わないようにしてたように思う。それをまた誰かに言われると嫌だと思ってたんじゃないかしら。でもねえ、私には何でも聞くんですよ。電話かかってきて、渥美さんじゃない別の人と見た映画の話をしててもね、「どうでした？」って聞くのよ。だから「私はとても好きだと思った、ああいう映画は好き」って言うことがあってね。そしたら、「そうでしょうね、僕もそうですよ」って言うのよ、「え、見たの？」って言ったら「見ました」って言うの！　黙ってるんだ

山田　からあの人。危ないのよ、気をつけて！

黒柳　そうかそうか。たしかに感想や批評めいたことは言わない。ましてや悪口なんか言わない人でしたね。

山田　悪口なんて絶対言わない。一緒に見た映画でつまらなかったからといって、悪口は言わなかったと思いますね、あんまりね。

たしかにそうだな。寅さんを作り出して、十二、十三作目ぐらいの頃だと思うんですが、新聞の映画評にやたら叩かれ続けたことがあった。要するに寅さんはマンネリズム、毎回毎回同じ話だ、といってそれを叩く批評が次々と出てくるわけですね。ある時、北海道でロケーションしていて、湖のほとりの林の中を現場に向かって歩きながら、渥美さんと話してたんです。実はこの間ね、新聞に寅さんの批評が出ていて、悪《あ》し様に書いてあった。どうして批評家は、気に入らない作品は無視してくれないのかな。わざわざ悪口を言うでしょう？　でも作る方は一生懸命作ってるんだ。本当に懸命に、一生懸命。あんなふうに悪し様な批評を読むとなんだか嫌な気持ちがするんだって渥美さんに、言ったんですよ。そしたら渥美さんが、こんなことを言ってくれたんです。「人間は、その人が自信を持っている時には、彼がどんなに謙虚でいようと努力しても、はたから見ればちょっと傲慢に見えたりするものですよ」と。つまり、そんなの無視しなさいっていうことですね。今あなた、そのペースでやっていけばいいんですよということをね、そういう言い方で渥美さんは伝えてくれた。落ち葉をサクサク踏みながら、彼のいい声で、言ってくれた。なんだか僕は偉い哲学者から話を聞いてるような気持ちがしたもんですよ。

黒柳　そうですか。人から言われた悪い言葉にとらわれてしまうものだけど、そんなふうに考えていたんですね。

山田　どうしてそんなに賢い判断をできるんだろうかと今でも思います。

役者としての信念

黒柳　渥美さんと街を歩いている時に、とても有名なスタイリストの原由美子さんとお会いしたことがあったんです。

山田　はい。

黒柳　そしたらね、原さんと渥美さんが親しげに挨拶するんですよ。

山田　意外ですね。

黒柳　そうでしょう？　とても意外でね。聞いてみたら、渥美さんの奥さまと原さんが鎌倉の方にあるミッションスクールの同窓生で、仲が良いんだって。奥さまがどんな人かすら聞いたことなかったから、驚いてしまって。

山田 鎌倉の私学というと、かなりお嬢さまという感じですね。

黒柳 そうでしょう。それ以来、渥美さんはきちんとした娘さんと結婚した、きちんとした人なのかもしれないって考えるようになったんです（笑）。

山田 つまり、そうやって偶然会うことさえなければ、そういう一面は知らないままだったということ。

黒柳 そうなんです。

山田 あとで聞いた話ですけれどね、渥美さんはお家でも、外での仕事の話なんかは全然しなかったそうですよ。

黒柳 そうなの。

山田 でもね、自宅に帰るとどうしたって子どもたちが騒いだり喧嘩したりしてるでしょう。あるときちょうど、竹下景子さんがマドンナの寅さんを撮っていてね。竹下さん、お作法がとってもきちんとしているから、急いで立ち上がって寅を追いかけていく芝居で、座ってた座布団をどうしても踏みつけられない。踏みつけるくらい急いでいるわけなので、ＮＧになるんですよね。それを引き合いに出して「それに引き換え、お前たちは何をそんなにドタバタ騒いでるんだい！」って言ったそうですよ、渥美さん。

黒柳　そんなこと言うときもあったんだ（笑）。

山田　唯一覚えている話として、息子さんが話してくれました。まあ他にはほとんどないということなんです。今日の撮影はどうだったとか、あの俳優がどうだとか、そんな話はしない。その中で、すこしだけ話すのが僕のことと、あとは徹子さんの話だったって。

黒柳　外では家族の気配を消して、お家では仕事の顔は見せない。

山田　渥美さんはきっと、仕事をしている時は、「自分には家族がいる」という気持ちを捨て去ろうとしていたんじゃないかと思うんですよ。

黒柳　はい、はい。

山田　いつか渥美さんが話していたことがありました。「役者という仕事は、とてもしんどい仕事でね。言ってみれば崖っぷち、すごい険しい崖っぷちの落っこちるぎりぎりのところを歩くようなものなんだ」と。

黒柳　ええ。

山田　「ちょっと足を滑らせたらストーンと落っこっちゃう。反対側に寄れば平坦な地面

映画『男はつらいよ　口笛を吹く寅次郎』

が続いているから安全なんだけれど、役者はそんな場所を歩いていたらダメになってしまう。〝あっち側に寄る〟というのがどういう生き方かといえば、それは家庭です」と。崖から落っこちる本当のぎりぎりのところで、渥美さんは生きていた。

黒柳 役者としてダメになることを相当警戒していたわけです。

山田 なんて大変な生き方。

そうなんです。「俺はひとり者だ」というふうに思おうとした。「うかうかすると、田所康雄は車寅次郎に追い越されていくんじゃないか」という、さっき話していたこともそうですけれどね。「そこまでしなくちゃ、カメラの前で本当に寅さんになることはできないんだ」と、あの人は真剣に考えていたんじゃないかな。

黒柳 スーツのお話も、寅さん以外には出なくなったお話もね。

山田 ええ、きっと渥美さんにとっては、役者でいるための大変な努力のひとつだったと思うんです。

何より大事な家族

黒柳 そうやって役者としての自分と、あとやっぱり家族のことを徹底的に守ろうとしたから、家族の前の渥美さんがどんなふうだったのか知ることができたのは、亡くなった後でしたね。

山田 そうですね。僕が夫人とお目にかかったのは、渥美さんが亡くなったと連絡を受けて、はじめてお宅に駆けつけた時でしたから。

黒柳 渥美さんの奥さまと、山田監督ご夫妻と、ご飯をご一緒したことがありましたね。みなさんが私の芝居を観にきてくださったんです。

山田 はい。それから夫人と徹子さんと僕の家内と、僕と四人で何度も食事をしましたね。

黒柳 そう、そう。

山田 このあいだ息子さんを通して聞いた話だけれどね。結婚したすこし後ぐらいに、渥美夫人は徹子さんから時計を貰ったんだそうですよ。今でもとても大事にしていると。

黒柳 えー！　ほんとうに？

山田 覚えていらっしゃいますか。

黒柳 そういうことがあったかなあ。

山田 渥美さんが徹子さんの時計を褒めたそうなんです。すると徹子さんが咄嗟《とっさ》に外して、「可愛い奥様にどうぞ」と差し上げたそうです。結婚祝いのような気持ちだったんですね。

黒柳 そうね、そうだったんだと思います。

山田 何作目だったか、こんなことがありました。ロケ先の四国に映画記者が大勢来て、インタビューの時間があったんです。農家の縁側みたいなところに集まってね。そのうちにある若い女性記者が、「渥美さんのお子さんはもう高校生ですか？」と聞いたんです。そこで渥美さんは、「そうなんです。あ、ちょっと失礼」と言う。

黒柳 ええ。

山田 渥美さん、帽子を持つと立ち上がって出て行ってね。僕らはトイレにでも行ったかと思った。けれどね、もう戻ってこなかったんです。

黒柳 嫌だったんだ。でも、そこの度胸がすごいですよね。

山田 そうなんですよ。「そんなこと聞かないでください」とか、そういったことは言わない。柔らかに「そうなんです」と言って、しかしスッといなくなってしまう。

黒柳 後から何言われてもいいや、というね。

山田 渥美さんの息子さんの就職試験の時の話だけどね。父親の職業の欄があって、仕方なく「俳優」と書いたら、「どんな作品に出ているんですか？」と面接官から聞かれたと。「最近は『男はつらいよ』の寅さんをやっていました」と答えたら「じゃあ、

黒柳　渥美清さんですか」となって、みんなが驚いたそうでね（笑）。

山田　息子さんの会社のお話、私も聞きました。すこし変わった会社で、入社式に両親も出席するそうなんです。渥美さん、ちゃんと出たってね。「お父さん、ちょっとお話ししてください」なんて言われて、みんなの前で話したと聞きました。奥さまもそうだけど、お子さんのことも可愛いんですよね。

黒柳　それはやはりそうですよね。

山田　娘さんはね、お名前に「幸」という漢字が入るんですよ。それで私が、「〝さち〟と読むの？〝ゆき〟と読むの？」と聞いたら、「幸せの〝さち〟に決まってるだろ！」と怒ってね。幸せになってほしいからその名前をつけたんだと。

黒柳　そうか、〝さち〟か。息子さんの名前に「健」と入っているのは渥美さんのお兄さん・健一郎さんからだそうですよ。残念ながら戦争で肺を患い、二十代で亡くなってしまったそうですが、学問ができるお兄さんを心から尊敬していたと、息子さんにもお話しされていたそうです。

山田　そうでしたか。お子さんたちとも寅さん観に行ったりしたのかしら？

黒柳　それがね、いつも家族で揃って観に行っていたそうです。渋谷にあったパンテオンという映画館。そこに連れだって出かけて、いつも渥美さんだけすこし離れた席で見ていたそうです。

黒柳　お父さんしてたのね！

第3章

渥美清の原点

浅草、病、インテリジェンス

寅さんというキャラクターを通じて日本中に笑いと活気をもたらした渥美清は、一体どんな場所に生まれ、育ったのか？　浅草の町、いつまでも続く病、そして知性への憧れ……渥美清の源とは。

少年、テキ屋に憧れる

山田　渥美さんは、上野あたりで過ごした少年時代のことをよく話してくれました。僕はひたすら大笑いするんだけど、同時になんてすごい記憶力だろう、なんて豊かな表現力なんだろうと感心していました。徹子さんもよく聞いていたでしょう？

黒柳　はい、子どもの頃の話ね。

山田　ある時、スリの子分をしていた友達の話をしてくれました。小学校の友達で、今ではとても考えられないんだけど。彼の兄貴分がまずパッとスリをする。子分の友達はそれを受け取って、人混みの中を白い運動靴でビューっと逃げていく。渥美さんが強調するのはね、その友達が白いカッコいい運動靴を履いていたんだということなんです。スリをして人混みを抜けていく友達を見た時に、「そうか、運動靴はこうして早く走るためのものなのか」と納得したのだと。人混みの中を友達の白い運動靴がビューと駆けていく……映像が浮かぶでしょう？

黒柳 ええ、浮かびます。

山田 そういう印象に残るような表現で、たくさん話をしてくれるんですね。

黒柳 ほら、寅さんの口上があるでしょう？　子どもの頃、あれを間近でよく見ていたって話していましたね。

山田 テキ屋の話もそうですね。「四谷赤坂麹町、粋な姉ちゃん立ち小便」「白く咲いたか百合の花、四角四面は豆腐屋の娘、色は白いが水臭い」と、澱《よど》みなく言えるんですよ。

黒柳 私もびっくりしました。『夢であいましょう』の中でもやっているんですよ、腹巻きして、白いサラシみたいなの巻いて。その上首からお守り提《さ》げてね。今思えば、ほとんど寅さんの格好ですね。「さらさら流れる……」と一度はじまると、ずっとやってくれる。「今日は全部はやんないけれど、もっといっぱい知ってるよ。子どもの時、ずっとそういう人たちを見てたんだ」と話していました。

山田 相当憧れていたんだってね。

黒柳 自分でもやっていたんじゃないですか、すこしは。

山田 向こうからずいぶん誘われたと言っていましたよ。

黒柳 ああ、やっぱりね。

山田 「お前は、ツラはひどいけど声がいい。俺たちの商売に向いているぞ」と。

黒柳 『夢であいましょう』で、台に足をバッとかけて「ごめんなさいよ！ ごめんなさい！」とはじまった時、この人は上野あたりのヤクザだったに違いないと思ったんです。「やってたんでしょ？」と聞いてみたら、「馬鹿言うんじゃないよ」と言うの。でも、否定はしない。そしたら横で谷さんが、「やってたんだよ」と言ったんですよ。

山田 谷さんがそう言ったの？

黒柳 うん、そう。谷さんだって本当のところはわからないでしょうけれどね。いくら子どものときに好きで真似していたと言っても、あんなに上手だと、やっていたという気がしますよね。

山田 そう感じさせる迫力があったんですね。国語の帳面に、「チャラチャラ流れるお茶の水……」と書いていたそうですよ。そのために帳面を買ったんだって（笑）。

黒柳 おかしい（笑）。

山田 徹子さんや僕が全然知らない世界のことを、やっぱりたくさん知っているんです。怖いような世界を含めて。

映画『男はつらいよ 寅次郎子守唄』©1974 松竹
㊤ 撮影中
㊦ 撮影前の演出風景

黒柳　そうです、本当に。

山田　喧嘩なんか強かったんじゃないですか。

黒柳　そうだと思います。

山田　戦後の荒涼とした上野で、まだ浮浪者がいっぱいいたような頃。あの人は中学を卒業したばかりで、ちょっとした親分だったみたいですよ。若い子どもたちの不良グループのリーダーのような。

黒柳　そんなことも話していた気がします。

山田　ある時、ちょっとしたことで警察の巡査から説教されたって言うんです。「こんなことで名を売って偉くなろうと思っても無理だぞ」と。「どうしてですか」と渥美さんが聞いたら、「お前の顔はな、一目見たら忘れられない顔だから、指名手配の紙が出たらすぐ捕まっちゃうぞ」って（笑）。

黒柳　たしかにね（笑）。

山田　「なるほど、そういうもんか」と思ったと言っていましたね。「それで堅気になろうと思ったけども、当時の私なんかが堅気になると言っても、所詮知れているんです。油まみれになって旋盤工になるとか、そういうんじゃない」と。要するに、堅気になる＝役者になるということだったんですね。

黒柳 そうか、それがきっかけになるんだ。だけどそのお巡りさんも、よくぞ珍しい顔だと見抜きましたよね。

山田 そうですね。栄養失調で体はヒョロヒョロなんだけど、背は割に高かったんだそうです。当時の子どもとしてはね。「四角い顔にヒョロヒョロした長い体がくっついてるから、ハエ叩きが歩いているようなもんだった」と話していましたね。

黒柳 ハエ叩き（笑）。

いつも空腹な〝欠食児童〟

山田 徹子さんの少女時代について、渥美さんから尋ねられたことはありましたか？

黒柳 うーん、どうだったかな。聞かれたかもしれない。とにかくたくさんお話ししていましたからね。

山田 渥美さん自身は、お父さんは新聞記者だったけれど失業して、家でゴロゴロしていた。お母さんが内職することで家計を支えていた。一方で徹子さんは芸術家のお父様がいらして、オペラ歌手志望だったお母様がいらして、対照的な生活をしていたでしょう。

黒柳　本当にね。

山田　渥美さんはね、すごく憧れがあったと思うんですよ。もちろん妬みがましい気持ちとは違う。文化的な家庭というものへの強い好奇心ですね。

黒柳　うん、そうだと思います。今考えてみるとね。「私の父親はヴァイオリンを弾く」とか、「クリスマスのお祝いをやる」とか、「誕生日のときにプレゼントする」とか……そんな話をすると渥美さんは、「そんなもんかい」という感じで聞いていた気がします。そのとき全然気がつかなかったから気にも留めずに、どんどん話していたけれど。

山田　渥美さんの小学校時代の同級生の話を聞いたことがあります。渥美さんの家はとても貧しくて、学校にお弁当を持って来られない日もあったそうなんです。そういう子どもたちは、当時〝欠食児童〟と呼ばれていた。戦前のことですね。それで渥美さんたち〝欠食児童〟は、空腹をごまかすために廊下でワーワー騒ぐしかなかった。だけどね、渥美さんの小学校の当時の女性の校長先生はとても立派な人で、子どもたちを見かねて近所の農家を回って、玄米を手に入れてきたんだそうです。なかなか手に入らない時期だったけれど、一生懸命になってね。それを用務員さんに炊いてもらって、味噌汁とお新香と一緒に食べさせていた。その中に必ず渥美さんもいたと聞きました。

黒柳 そうなのね、知らなかった。小さい頃、体が弱かったとは聞いていましたけれど。

山田 そう、病気ばっかりで非常に欠席が多かった。「生まれつき病弱だし、おまけに栄養失調。だから勉強なんかしてもしょうがない」と感じていたそうです。端《はな》から勉強には興味がなかった。「いつも成績はビリでした」と言うんですよね。学校に行けても、みんなが一生懸命に帳面を書いてるのに、彼はボーッとしている。

黒柳 休んでいては勉強もついていけないし、お腹が空いていてはね。

山田 はい。そこに先生が来て怒って、殴ろうとする。その瞬間、渥美さんはくっと上を向いて、思いっきり面白い顔をしてみせるんですって。「怒っていた先生が笑っちゃうんだ」と言っていました。だけどそんなふうに危機を脱するから、余計に勉強もできない。

黒柳 そうですね。

山田 徹子さんも、小学校では苦労されたんですよね。

黒柳 そうね、小学校を一年生で退学になりました。

山田 徹子さんの場合、それでトモヱ学園という素晴らしい学校に巡り合うわけだけど、少々厄介な子どもだったという意味では、徹子さんの少女時代と重なるところもあるのかな。

黒柳 そういうところは、たしかにそうですね。でも私、その話を渥美さんにしたことはなかったと思います。

山田 うん、渥美さんも貧しかった少年時代のことを、徹子さんにはそれほど話さなかった。お互いに話さなかったんですね。渥美さんは徹子さんのような人に出会って、やはり驚きと、憧れを抱いたと思うんですよ。渥美さんの中には、少年時代に対する悔やみというか、苦々しい思いがやはりあったんじゃないか。母方が武士の家系で、お母さんもどこか凛《りん》とした雰囲気、プライドのようなものを持っていたと彼が話していたことがあります。そしてそれは子どもの頃の渥美さんにとっても、なんだかとても大事なことなんですね。武士の家系なんだぞ、という。

黒柳 ええ。

山田 お父さんにしたって、失業前は新聞記者だった。渥美さんがとても尊敬していたお兄さんも優秀で、物書きを志していたそうです。もしすこしでも物事の成り行きが違っていたら、渥美さんだってかなりインテリな家庭で育っていたはずですよね。

黒柳 そうですね。お兄さんのことも、時々話していた覚えがあります。

山田 ちゃんとしたご飯が食べられて、勉強できる時間がちゃんとあって、という生活が自分にもありさえすれば……という気持ちを抱くようになっても、おかしくないですよね。

黒柳 そうですね。

山田 そして、だからこそきっと、徹子さんがどんなふうに育ったのか、正統な芸術に触れてきた人は、どんなことを考えるのかというのは、とても関心があったと思うんです。徹子さんが『星の王子さま』を勧めたと言っていたでしょう。

黒柳 はい。

山田 それは渥美さんの少年時代、青年時代のことを踏まえて考えてみると、やっぱりとても大きな出来事だったんだと思います。小学校ではろくに勉強もできなかった。戦後も上野のあたりでヤンチャなことばかりしていた。役者としても浅草のストリップ劇場あがりで、正統な芸術を学んできた立派な役者たちとは、自分は違っている——しかしある時、まさしく音楽一家に育った、正統な芸術をよく知る徹子さんから「読んでみたら」と、あの『星の王子さま』を手渡されるわけです。

黒柳 うん、うん。

山田 そのうえ徹子さんは、ただインテリ育ちというだけでなく、渥美さんと深いところで、なぜだか通じ合える相手なんだから。

黒柳　そうか。

山田　どれだけ驚いたかと思いますね。「こんな世界があったんだ」と。

黒柳　こうして山田監督のおっしゃることを聞くと、当時から渥美さんのことを、もっと分析じゃないけど、ちゃんと見ていたら良かったなと思います。

山田　僕から見ればあの人の、あの賢い頭からすれば、どんな超一流の大学でも行けたし、もしかしてすごい文学者になったり、そういったことができた人だと思いますよ。あの天才ですからね。

黒柳　そうね。

山田　だけど渥美さんはその代わりに、凄まじい努力で、徹子さんやいろんな人から、学んでいったんだと思いますね。だからこそ俳優として大変な、大きな功績を残したんだけれども、渥美さんと喋っていると、俳優にならなかったとしても、無限の可能性を持っていた人なんだと、本当によくそう思いました。

肺結核との終わりなき戦い

黒柳　「片方肺がないんだ」ということも、渥美さんはよく言っていました。

山田 そうでしたね。浅草で舞台に立つようになって、すでに相当人気が出ていた頃、肺結核で長期療養をしていますね。

黒柳 そういった若い頃の苦労が、演技に影響していたということはありますかしらね？

山田 どうでしょうね。やはり人間の抱える悲しみをよく理解しているということは、あったんじゃないかな。おやすみと言って隣のベッドで寝た人が、翌朝には死んでいたりする。彼自身も大手術をして、生死の境をさまよって、やっと生き残った。

黒柳 考えたらすごいことですよね。サナトリウムで、隣のベッドの人が、チーズを1センチ四方くらいに切って食べてたんですって。毎日ひと切れずつ。そしたらその隣の人が死んじゃったんですって。毎日ひと切れずつ栄養になるって、食べてた人が。渥美さんは、凄く悲しそうに「一生懸命食べてたのに死んじゃったよ」って。

山田 うんと昔、四十年以上前の記事でね、徹子さんと渥美さんの対談で、療養中のことについて話しているのを読んだんですよ。

黒柳 渥美さんと私が？　そうか、雑誌の対談の企画に出てくれたんだ。

山田 その中で、結核で入院していた時の話を渥美さんがしている。だけど〝結核療養所での日々がどんな悲惨だったか〟なんてことはひと言も話さないんだな、あなたたちは。おかしなことばっかり喋っているんですよ（笑）。

黒柳　そうだったわね、たぶん（笑）。
山田　療養所のそばに豚小屋があって、豚をたくさん飼っていたと。入院患者の残飯をやると豚がバーっと集まって、我先にと食べる。病状がすこし回復してからは、渥美さんはその餌やりの役だったらしいんですよ。それでね、渥美さんの表現では、「お母さんが、赤ん坊に胸を広げてオッパイやるときのような気持ちはあんな気持ちじゃないでしょうかね」と感じたと。サナトリウムという場所でも彼はそういうことを感じているんですね。それを詩的に表現する、なんだかゾクっとするようなね。
黒柳　そんなことを言っていましたか。
山田　ええ。だけど実際、療養所での彼の体験は相当過酷なものなんですよ。大手術をしてそのまま死んでしまうかという中で、ふっと意識が戻ったら、「大丈夫だな」という誰かの声が聞こえたと。それを聞いて、「俺は生きていると思った」と渥美さんは話していましたね。そういうことを体験してるんです。
黒柳　そういうね、苦しかったんだという体験は、あんまり私には話しませんでした。チーズの話くらいかしら。
山田　渥美さんが徹子さんに話さないのは、よくわかる気がしますよ。
黒柳　はい。

山田　それで退院する時に、「君はこれからどうやって食っていくんだ」とお医者さんに聞かれたんだそうです。「私は役者しかできないから、これからも役者をやります」と渥美さんが言ったら、「もし君が俳優を続けるならば、常に背筋を伸ばすように努力しなさい。そうでないと肺がない方の肩がだんだん下がっていくよ。手術で肋骨が何本もなくなっているから、体が曲がってくるよ」と。

黒柳　そうなの。渥美さん、いつも姿勢が良かった。

山田　そうでしょう。だからあれはね、努力の結果なんですよ。そうでないとだんだん倒れてきちゃうから。

黒柳　そうか、そうだったんだ。それをずうっと。

山田　すごいんだよ、あの人の努力というのは。

黒柳　本当にね。

観察上手は真似上手

山田　『男はつらいよ』の撮影をしていてね、テストで渥美さんがとてもおもしろい芝居をすると、僕やスタッフが笑うでしょう。すると渥美さんは照れくさそうに笑いながら、「こういうことって、人間よくするじゃありませんか。こんな仕草とか、物言いとか、よくやるじゃありませんか」としょっちゅう言っていました。

黒柳 ええ、渥美さんは本当によく見ているんですよね。

山田 他の人が見ていないようなものを、よく見ているということ。ちょっと恥ずかしそうな顔したおばあさんとか、威張っているような親父とか。そういう人間をよく観察していて、頭の中に膨大な映像のコレクションがガーッと詰まっている。AIじゃないけれどね。芝居している時はたぶん、それをなぞっているんだと思うんですよ。

黒柳 きっとそうですよね。

山田 その凄まじいレベルはもう〝天才〟としか言いようがないんだけれど、同時に幼い頃からの積み重ねでもあるわけです。渥美さん自身がインタビューで語っているけれど、小さい頃から病気で寝てばかりいたから観察ばかりしている。

黒柳 そう、鉄瓶の音だとか、障子を通り過ぎる影だとかを観察していたってね。

山田 芝居となるとそれがパパパッと出てくるわけですね。嘘の芝居してるんじゃないんですよ。作り物じゃない。人間が生活の中でやっていることを、彼は本気でやっている。だから、この彼の芝居は常にリアルなんです。実際にそんなことをしている人をしっかり見ている、ちゃんとね。だから役者ってのは、そういうことが必要だということなんでしょう。電車に乗ってても、飯食ってても人を観察してる。真似がすごくうまかったしね。

黒柳　モノマネもお上手でしたね。番組でも声マネみたいなことをたくさんやっていました。

山田　ものすごくうまいでしょう。

黒柳　うまいです。それでいて元の声もいいから。

山田　そう、いい声。渥美さんは浅草時代、森繁久彌さんにとても憧れを抱いていたそうですね。「今日は全部、森繁でいくんだ」と言うと、本当にすべての芝居を森繁さんの語り方でやっていた。

黒柳　そんなことしていたんですか。

山田　客は森繁さんのことをよく知っているから、ワーワー笑ったと。おかしかったでしょうね。今日はエノケンだとか、今日は藤山寛美だとか、なんだってやれてしまう。

黒柳　私、細かいことは忘れてしまったけれど、森繁さんはずいぶんと渥美さんのことを気にしていましたね。何かというと渥美さんのこと話していました。

山田　そうですか。徹子さんは森繁さんとも親しかったですね。

黒柳　ええ。

山田　森繁さんが『男はつらいよ』に出てくれたことがありました。六作目ですね。長崎の漁師の親父役で、非常にきちんとした芝居をしてくださった。その時、お昼ご飯を一緒に食べたんですけれど、森繁さんは「渥美ちゃんも、近頃はなかなかいい仕事してるなあ」と褒めていたことをよく覚えています。

黒柳　うん、とても認めていたと思いますよ。

山田　それよりも前だったか、後だったか。「最近見たんだよ、寅さんを映画館でね」と森繁さんが僕に声をかけてくれたことがありました。寅次郎が裏の印刷工場に顔を出して、「労働者諸君！　かわいそうに、今日も残業か」なんて悪口を言う。そのシーンについてね、「映画の観客は労働者なんですよ。いわば自分たちの悪口を言われているのに、みんな大笑いして喜ぶでしょう。つまり渥美には許すんですよ、自分たちの悪口を言うことを」と。

黒柳　たしかに不思議ですね。

山田　「観客たちだって、渥美清と自分たちが同じ経済状態だと思ってるわけではない。何たってスターだから、たくさんギャラを取っているとわかっている。それでもなおかつ『労働者諸君、君たちは貧しいぞ』と言われて、ゲラゲラ笑う。それはね、私にはできません」そう話していました。「私がもし同じことを言ってごらんなさい、観客はみんなしらけますよ。なんだ、お前なんかヨットなんか持っていやがって、高級車に乗りやがってと言われる。渥美のしていることは、私にはできないことなんです」……そんなことを正直に口に出す森繁さんも、大したものだと感じました。

黒柳 そうですね。でも、森繁さんもはじめは、あんなふうにチョロチョロ出てきた人があれほど大物になるとは、思わなかったかもしれませんね。

山田 そうですね、自分の真似なんかしていたような人だもんね。

「インテリですね」は悪口か

黒柳 渥美さんはやっぱりインテリな方々とのお付き合いも多かったです。山田監督はもちろん、永六輔さんや井上ひさしさん、小沢昭一さんに脚本家の早坂暁さん。現場からの叩き上げという感じの人よりも、品のいい人がお好きだったんですよね。

山田 ある時、うどんかなにかを食べている時にね、渥美さんが僕にポロッと、「山田さんはインテリですね」と言ったことがあるんです。悪口なのか何なのか、よくわからなくてね。「どういう意味？」と聞いたら、「粘り強いです。なかなか諦めない」と。

黒柳　へぇ。

山田　「インテリはそうなんですよ。悪く言えば、諦めが悪い。いつまでもぐちゃぐちゃこだわるんですから、決して美徳じゃない。しつこいという言い方もできます。でもね、いい映画を作るということは……作るなんていう仕事はね、しつこいぐらいでなきゃできないんですよ」と、渥美さんは話していましたね。「渥美さんは違うの？」と尋ねたら、「私はすぐに飽きちゃいます。『どうでもいいや、こんなこと』と投げ出しちゃいますよ」と言っていました。江戸っ子の美意識ですね。いつまでもぐちゃぐちゃ考えず、悩まず、さっとやめちゃう。だけどあなたの場合は諦めない、やめない。それが実は大事なんだ――ということ。笑い話で言ってはいるんだけども、なんだかその時、とても大事なことを教えてくれた気がしましたね。

黒柳　うん、きっとそうだと思いますよ。励ますというか、伝えたかったのね。

さくら　幸せにナッテオクレヨ　寅次郎

山田　渥美さんが俳句を詠んでいたのも、あまり知られていないことかもしれません。まさしくインテリジェンスな人々と接する機会だったと思うけれど、はじめて参加した句会には徹子さんもいらした？

黒柳 はい。写真家の浅井愼平さんの誘いでね。

山田 渥美さんはとても遠慮して「何も書けない」と言ったらしいのだけど、浅井さんが無理矢理誘ったそうですね。だけどいざ参加してみたら、渥美さんは素晴らしい俳句を詠んで、たちまち最優秀の「天」を取ったとか。

黒柳 そうでしたね。

山田 その時、徹子さんも驚かれました？

黒柳 うーん。うまいだろうと思っていましたよ。だって、世の中をわかっている人だもん。

山田 そうですよね。渥美さん、こんな句を詠んでいます。

一九七三年（四十五歳）

――三月――

うつり香のひみつ知ってる春の闇

さくら幸せにナッテオクレヨ寅次郎

あわびかみおくばのいたむ海の家
豆まきもたねまきも家に居ずおそまきに泣く不孝者

（略）

—五月—

さくらんぼプッと吐き出しあとさみし
釣堀誰もいなくて少し風吹く
まぐれ蝿《ばえ》ガラスふるわせ西陽さす
みずキラキラ指つけたまま夏浅し

山田　本当に巧みな句です。なんというんだろうね、崩し方がすごいのかな。
黒柳　そうですね。それに、怖さもあるじゃないですか。「まぐれ蝿」だなんて。
山田　ドラマがあるんだよな。
黒柳　はじめからわりとうまかったんです。うまいというか、あの人の生活感がにじみ出たような句をはじめから詠めた。句会だと、名前が書いていなくてもだんだん誰の

囀り朝もや団《だん》体《たい》しずかに

仔馬背中にトンボ白い雲

台所《だいどころ》誰も居なくて浅蜊泣く

渥美清の俳句（直筆）

句かわかってくるものなんだけど、渥美さんの句ははじめからすぐにわかっちゃいました。

山田 わかっちゃうでしょうね。絞り出して、凝縮されている。俳句の中に渥美さんが出ているんだね。浅井さんの表現を借りれば、「なんだか寂しくて、悲しくて、しかも奥の方でなんだか温かい」、不思議な俳句。まさにそういうことですね。「写真で見ても、渥美さんの目は時々、〝ぎゃっ〟と光る怖さがある。そういう目つきを持っている人なんだ」ということを、浅井さんが書いていました。

黒柳 そうですよ、〝ぎゃっ〟としていますよ。いつも渥美さんの目を見ていて感じたことです。何度も言いますけど、こんな細い目でね、世の中をものすごくよく見ている。誰よりもよく見ている。

どうしても、国定忠治

山田 あのとてつもない才能は簡単に説明できないわけだけれど、渥美さんが言う「生まれもっての才能」に加えて、彼は本当に、並々ならぬ努力というのかな。役者としてやっていくために、多くのことをしていた。

黒柳　あらためて考えてみると、そうですよね。

山田　徹子さんから教わった読書もそう。インテリな人々との付き合いもそう。そして芝居も、本当にありとあらゆるものを観ていましたよね。テント劇場から大劇場まで、シェイクスピアのようなものも含めてすべての芝居を観る人でした。

黒柳　そうでしたね。芝居もずいぶん一緒に観に行きました。ついこのあいだ、〝下町の玉三郎さん〟にお会いしたんですよ。梅沢富美男さんのことね。そしたら「渥美さんと来てくれましたよね」とおっしゃって、思い出しました。渥美さんがね、「とても綺麗な女形で、面白い人がいるから行きましょう」と言うから、観に行ったんですよ。

山田　ええ。

黒柳　私は一応変装して行ったんだけど、あの人は一切隠そうとしないでどんどん行く（笑）。お客さん、みんなわかっちゃうの。「本多劇場」でしたね。そこまで広くない中に私と渥美さんが座っているから、はじまる前にざわざわしてしまって。

山田　そうそう、渥美さんなりの変装をする時もあるんだけれど、結局はすぐにわかってしまうんですよ。帽子かぶってサングラスかけても、大きな四角い顔をしているわけだから（笑）。

黒柳　私がいくら渥美さんを隠したって、もう隠しようがなかった（笑）。舞台の上からも「本日は黒柳徹子さんと渥美清さんが客席にいらっしゃいます。来てくださってありがとうございます！」なんて言うから、みんなに注目されてね。

山田　アナウンスされちゃったか。

黒柳　渥美さんも「もうわかっちゃったんだからしょうがないね。帰るわけにいかないし。面白いね」なんて言ってね。梅沢さん、あんまりにも綺麗なんですよね。だけど綺麗な場面もあれば、すごく汚いおじさんになったりもして、二人ですごく笑いました。舞台といえば、渥美さんが寅さんに出るよりもずっと前のことでしたけど、NHKが初めてカラーで放送したミュージカルのような番組があったんです。『パノラマ劇場』と言うんだけどね。

山田　どんな方が出ていましたか？

黒柳　森繁さんやフランキー堺さん、越路吹雪さん、ペギー葉山さんとかね。

山田　わー、超一流のメンバー。

黒柳　渥美さんはタキシードを着て、私も足を出して、お尻に鳥の羽をつけてね。四人ぐらいで並んで出てきて、いわゆるボードビルのような感じで歌ったり踊ったりするシーンがあったんですよ。三木のり平さんやジェリー藤尾さんと一緒に。ところが

山田 渥美さんは途中で、どういうわけだか知らないけれど、刀を構えるような仕草をするの。

黒柳 踊りの途中で？

山田 そうです。「赤城の山も今夜を限り……」と。国定忠治ね。あの感じになるんですよ。

黒柳 刀を構えるポーズですね。

山田 ええ。でもね、私たちは西洋ダンスをしながら歌っているわけですよ。そこにいきなり一人だけ真ん中で〝国定忠治〟をやるんです。リハーサルのときに「どうしてあんなポーズするの？」と聞いてみたの。そしたらね、「浅草でこれやってみな。お金飛んでくるんだよ」って（笑）。

黒柳 そうか、ここぞという時のポーズなんだな（笑）。

山田 そうなんです。パッと見得を切るとチャリンチャリンってお金が飛んでくるから、「今だ！」と思った時に〝国定忠治〟が出ちゃうと言っていました。

黒柳 やろうと思ってではなくて、反射的に出ちゃうんだ。

山田 そう、「出ちゃうんだ」って。「だけどこれ、西洋ものじゃない！ 西洋の歌をうたって西洋の格好してるのに、それでも出るの？」と聞いたら「そうなんだよ。浅草だとお賽銭《さいせん》が飛んでくるからよかったなあ。その癖が抜けないんだ」って。

山田　いつか、ミュージカルに出て「こりごりした」と言っていましたね。ブロードウェイの『南太平洋』だったかな。歌がうたえなくて。

黒柳　歌ね（笑）。

山田　あれだけ綺麗な声をしていて、ＣＤまで出しているんだから歌えるはずなんだけど。

黒柳　『若い季節』にも、『夢であいましょう』にも、歌があったんですよ。でもね、歌い出しがわからないの。「ブンチャッチャ、ブンチャッチャ、チャ♪」で歌い出すところが、渥美さんは出られない（笑）。

山田　そういうのは当時、まだ渥美さんが吸収できていないことだったんだな。

黒柳　はい。だからいつも私が背中を叩いてあげていました。

山田　ここだよ、と（笑）。

黒柳　それで歌い出していましたね。そんなふうに、助けてあげたこともあったんです。

第4章
寅さんは続くよ、どこまでも
渥美清に逢いたい

役者という使命のために、他に類のない生き方を選んだ渥美清。演じることが苦しくなった晩年も、そして別れの後までも、その姿勢を徹底的に貫いた。懐かしく語れば、よみがえる切なく温かい想い。もう一度、渥美清にあいたい。

二人でいると嬉しくて

黒柳 私はね、渥美さんは長生きするだろうと思っていたんです。今考えると自分ではしょっちゅう、「片方の肺がないから、俺は早く死ぬ」とか言ってたんだけれど。山田さんは、病気のことはご存じでしたか？

山田 僕はかなり前から聞いていましたよ。

黒柳 そうですか。

山田 渥美さんは直接には絶対言いません。だけど、ある時期から肉体的にだんだん弱ってきているということは、やはり知っていました。どうやら撮影が終わるとすぐに入院しているらしいということも。

黒柳　ええ。

山田　せめて、やたら動いたりしなくてもいい脚本にしたりね。大変だと思っていましたよ。だけど、亡くなる前の年に大船《おおふな》の撮影所に徹子さんがいらして、渥美さんが笑いながら喋っているときの、あの元気そうな笑顔。びっくりしましたね。あんな顔はもう二、三年は見ていなかったんですよ。

黒柳　そうそう、山田監督とたまたまお会いしたんです。そしたら、「明日、明後日も団子屋の撮影をしている」と教えてくださって。遊びにいってもいいですかと聞くと、どうぞ観にいらしてくださいいっておっしゃってね。

山田　はい。それはもう、ぜひ来ていただきたかったんです。

黒柳　時間も全部、ＦＡＸで送ってくださったので、大船まで車で出かけていきましたね。私がスタジオに入ると、渥美さん、お団子屋さんの後ろの方で椅子に座っていてね。自分の出番が終わると私のところに来て、それで二人でキャッキャ言いながら笑ったりなんかしていた。あとで山田さん、お手紙をくださったでしょう。「芝居じゃなくても渥美さんは笑うんだと、若いスタッフが驚いていた」と書いてありました。

山田　そうそう。あなたが撮影現場に来てくれてあんまり嬉しかったんで、お礼の手紙を書いたんだ。

黒柳　そのお手紙を見ても私はまだ渥美さんが病気だとわからなかったんです。「この頃機嫌が悪いのかな？」くらいに思っていた。

山田　最後の数年は本番の時以外、いつもつらそうにしていたんです。芝居ではにっこり笑ったりするんだけども、基本的に難しい顔、不機嫌な顔をしている。「体がとてもつらい。だから、朝、顔を合わせてもね、おはようございますと声をかけないでほしいとスタッフに言ってくれませんか」と僕に言ったことがありました。つまり、いちいち「おはよう、おはよう」と返事をするのさえつらい。

黒柳　全然知らなかったです。

山田　本当に？　わかった上で明るく振る舞っていたのではない？

黒柳　ええ、本当に。だって渥美さん、お顔はそこまで変わっていなかったと思いますよ。

山田　そうですね、たしかに顔にはあまり出ないんだな。だけどそんな毎日だったのに、徹子さんがいらした日はね、笑っているんですよ。セットの隅っこでお二人で、面白い話をして笑っていてね。

黒柳　「明日ももう一回来てくださいませんか？」とおっしゃいましたよね。

山田　もうね、毎日でも来てほしかった。あの日もお忙しいのに、一日いてくださいましたね。

第47作『男はつらいよ 拝啓車寅次郎様』の撮影中、大船撮影所にて
©松竹

黒柳 そう、長くいました。お昼ご飯一緒に食べてね、お蕎麦屋さんで渥美さんに奢《おご》ってもらいました。私はお蕎麦を食べて、渥美さんはおうどんをね、すこしは食べていたと思います。

山田 ご飯を食べたらそのままお帰りになると、みんな思っていたんですよ。そしたらまたセットに戻っていらして、結局夕方までいてくださった。スタッフと「徹子さん、まだいる！　まだいてくれているよ！」と言い合ってね（笑）。

黒柳 そんなこと知らないから、長くいて悪かったかなと思っていました。撮影が終わった後、渥美さんにね、「私の自動車に乗せていくから一緒に帰ろう」と言ったら、「これから人が来て、打ち合わせがありますから」と言うのよ。

山田 それは嘘だね（笑）。

黒柳 そう、絶対嘘なの。だからね、「嘘つき」と私が言ったんです。具合が悪いとは、全然思っていないから。「あなたがこれから打ち合わせするような人じゃないのは知ってますよ、今日はもう寅さん撮ったんだからいいの。そういうこと言って騙して、なにか他のことをするに決まってる。私と一緒に帰りたくないからそういうこと言ってるんでしょ！」と言ったら、「そんなわけないですよ、お嬢さん」とかなんとか言ってね。

第47作『男はつらいよ 拝啓車寅次郎様』の撮影中、大船撮影所にて

山田　あはは（笑）。

黒柳　「うそうそ、嘘つき秘密主義者！　乗せていくってば！」「勘弁してください、お嬢さん」って、そんなやりとりでしたね（笑）。今考えると、私と一緒に帰ったらずっと喋ってなきゃならない。帰りの車ぐらい寝ていたかったんでしょうね。

山田　渥美さんはその頃、後部座席に毛布と枕を置いて、寝そべって帰っていたはずです。

黒柳　そうでしょう？　私と一緒に帰ったら、そんなこと絶対できないから（笑）。だけどこうして写真を見ても、やっぱり元気そうに見えるんですよね。

山田　だからね、この時は徹子さんがいらっしゃるから元気なんです。渥美さんあの日、本当に笑っていました。涙を流して笑っていましたよ。

黒柳　そうね、笑っていましたね。

山田　だからあの日は僕たちスタッフにしても、徹子さんが来て、渥美さんと一緒に笑ってくれて、本当に嬉しい日だったんですよ。

黒柳　そうか。

山田　徹子さんと渥美さんは会うと、何も言わないでただ笑っているじゃないですか。

黒柳　そうそうそう。

山田　僕は羨ましかったですね。この天才同士の間では、何も言わなくてもたくさんの情報が行き交っているんだなと。独特でしたね、あまり話はしなくて、ただニコニコ楽しそうに笑い合って。

黒柳 そう、二人でいると嬉しくてね。

逝去の知らせ

黒柳 渥美さんが亡くなったというお知らせをくれたのも、山田監督でした。お電話をくださったんですよね。

山田 そうでしたね。一番の親友に知らせなくてはいけないと思って、電話をしたんです。沢村貞子さんのお宅にいらっしゃると聞いて、そちらに。

黒柳 そう。沢村さんのところにいたんです。あの時、沢村さんも危篤だったんです。

山田 そうでしたか。

黒柳 「マスコミにはこれから発表するのですが、それで知るのでは気の毒だと思ってお伝えします。亡くなったと、僕も今聞いたんです」そうおっしゃいましたね。母さん、沢村さんも、渥美さんと一緒に番組を出ていましたから、伝えるかどうか悩みました。母さんらしい慰め方をしてくれるかなとも思いましたが、やっぱり言わない方がいいなと思って、言いませんでした。

山田　ええ。

黒柳　それからすこしして、母さんも亡くなりました。母さんはね、旦那さん、父さんのことが本当に大好きだったんです。その旦那さんが先に亡くなって、すっかり気落ちしていた。

山田　沢村さんのお宅にお呼びいただいたことがありました。まだ若かった監督数人にご馳走してくださると言ってね。その時、沢村さんの旦那さんもいて、何かの仕事についてて考えていた。よくよく考えると、それで僕たちが必要だったんですね。夫のために僕たちを呼んで、食事させて、非常に気を使っていた。そうか、この人は夫のためにこれだけ一生懸命にやるんだと思いましたね。

黒柳　その時は横須賀の方でしたか？

山田　違いましたね。

黒柳　それじゃあ、代々木上原の方。

山田　そうそう。

黒柳　引っ越す前のお宅ですね。

山田　つまり徹子さんにとっては「母さん」「兄ちゃん」と慕っていた二人を、同じ時期に亡くされた。

黒柳　そうでしたね。

山田　渥美さんは以前から、「すっと消えるようにいなくなりたい」と話していましたね。「あれ、渥美清って近頃どうしたんだ？」「死んだよ」「そうか」……というぐらいがちょうどいいんだと。

黒柳　ええ。

山田　仰々しい葬式やなんかは一切困るんだと言っていた。ですから、奥さんにも厳しく「何もしないでほしい」とおっしゃったみたいですね。

黒柳　家族だけで。

山田　そう、家族だけのお別れが終わってから、僕は夜に電話を受けた。驚きました。まさか亡くなったとは思わないものですから。夜十時ごろでしたね。奥さんとお話しするのはその時が初めてでした。

黒柳　そうでしょう。

山田　「じゃあ、すぐに行かせてください」と言ったものの、うちがどこにあるかわからないんだ。だいたいの場所はわかっていたんだけどね。松竹の宣伝部に一人だけ、一度お宅にお使いに行った人間がいたから、夜中に呼び出して案内してもらいました。

黒柳 私も、亡くなってからはじめてお宅に行きましたね。

山田 奥さんやお子さんたちもいらしてね。もうすべて終わったと言うんだけど、僕の気持ちなんかも伝えてね。どうしても僕らの気持ちが済まないから、お別れ会をやらせてくださいと奥さんにお願いしました。それで、大船の撮影所でお別れの会をやったわけです。『男はつらいよ』の第四十八作を公開してから、もう一年以上経っているし、どれくらい人が来るかもわからなかった。献花の菊の花を三千本にしようかと話していたら、葬儀屋が「いや、一万本は必要ですよ」と言うんですね。

黒柳 はい、はい。

山田 僕にはうまく想像ができませんでした。そんなに来るのかなあと。結局、予算もすぐには都合がつかないから、五千本を用意してもらった。実際は三万数千人、八月十三日の暑い日に、大船の駅から長蛇の行列になってしまいました。

黒柳 そうでしたね。

山田 大変でしたよ。スタッフ総出で一般の方の案内もしなくちゃいけない。僕らはボロボロになっちゃってね。全部終わってから、『男はつらいよ』のスタッフ五十人ぐらいで、みんなで献花をしました。手を合わせて、「渥美清さん、さようなら」と言った時、流石に全員で泣きました。大の男たちもね、声をあげて泣きました。それは、なんというのかな。もちろん渥美さんがいなくなって寂しい。それと同時に、もう渥美さんと一緒に『男はつらいよ』を作ることはできないんだという寂しさでもありました。

黒柳 渥美さんは世間に病気を隠して、最後の最後まで元気に、見事に寅さんをやりきりましたね。三万人なんていう人たちが集まったんですから。

山田 誰かが言っていたんだけどね、車寅次郎という像がそこにある。渥美清さんという人はその中からちょっと抜けて出ていったけれど、ハリボテの方はちゃんと残っていて、いつまでも映画として観客を楽しませ続けるんだ——と。たしかにそんな感じがしますね。

それぞれの最後、それぞれの別れ

黒柳 最後にね、お電話をいただいていたんですよ。留守番電話が残っていたんです。私たち、ずっと前から遊ぶ約束をする時にもお互いに留守番電話を入れ合ったりしていましたから、何気なく聞いたんですけれど。

山田　なんと残っていましたか？

黒柳　「お嬢さん、お元気ですか。僕はもうダメです。元気でいてください」と。

山田　そうか。

黒柳　私、それを聞いたときにね、本当だと思わなかったんです。いつもそんなこと言っていたから、また冗談みたいなことを言っているんだなと思って、すぐに連絡を返さなかった。それが本当に、最後の電話になりましたね。

山田　そうか。渥美さん、本気で言っていたんだ。

黒柳　本気で言っていたんです。でも、区別がつかなかったです。

山田　区別がつかない徹子さんが、渥美さんは好きだったんですよ。

黒柳　そうかな。

山田　きっとね。だから気楽にそういうこと言ったんですよ、逆に言えば。

黒柳　山田監督は、最後にお会いになったのは？

山田　渥美さんとはいつも一本撮り終わると「次の春にまた会いましょう」と約束をして別れていたんです。その春は僕と、プロデューサーと、倍賞千恵子さんもいたかな。何人かで渥美さんに会いに行ったんですよ。その時、わりに元気でね。いつものように小川軒で一緒にご馳走を食べて、いろんな話をしました。渥美さん、その頃にもまだ映画なんかをよく観に行っているんです。驚きました。

黒柳 ええ。

山田 渥美さんとは店の前で別れてね。僕らは並木通りの坂を降りながら、「渥美さん、まだやる気あるよ。もう一本できそうじゃないかな」と話していたんです。その時に、何気なく後ろを振り返ってみた。レストランからはもうだいぶ離れているんですよ。だけどその遠くに渥美さんが立って、まだこっちを見ているんですよ。僕たちは、慌てて手を振って……。だけど、どうしてこっち見ていたんだろうと。後で思えば、これが最後だったんです。

黒柳 渥美さん、ご自分でわかっていたんでしょうか。

山田 僕や倍賞さんに会うのは最後になると思っていたのかな。なんだかそんな気がしますね。それからしばらくして急に入院して、八月に亡くなった。

奄美大島の夜

山田 よく覚えているのは、最後になった第四十八作『男はつらいよ　寅次郎紅《くれない》の花』の撮影中のことです。奄美大島でロケーションがあって、もう秋口だったけれど、

黒柳　向こうはいつまでも暑いですからね。

山田　ええ。

黒柳　僕は先乗りして、ロケーションハンティングだとかをしていた。そしたら、昼間暑い中あちこち歩き回るものだから、めまいがしてね。ふらふらと倒れてしまったんです。病院に行って点滴でもしたらすぐに治るんだけども。その晩に、渥美さんが東京から到着したんです。僕が部屋で寝ていたら、渥美さんが「ごめんください」と障子を開けて入ってきてね。彼が僕の部屋に来るなんて、滅多にないことでね。

山田　そうですか。

黒柳　そういうことしない人ですから、あの人は。それでも、その時は訪ねてきた。そして枕元に膝をついて「大丈夫ですか」と聞くから、「もう大丈夫。十分回復したから大丈夫ですよ」と言ったんです。

山田　はい。

黒柳　そしたら、しばらく黙っていてね。それから口を開くんです。「山田さんは、まだまだこれからたくさん良い映画を作らなきゃいけない大事な人なんですから、どうぞ体を大事にしてください。大切にしてください」と。そう言ってね、すっと立って出ていった。

黒柳　そんなことを言ったんですか。

山田　ええ。そのときの言葉、声のボリュームというか、声の調子といいますか。すべてが強烈に残っていますね。なんだろうな。こういう人が僕のそばにいてくれたら、いつでも〝安心立命〟できるというのかな。たとえばね、今際《いまわ》の際になった僕のそばに渥美さんがいて、僕の手を握って「山田さん、大丈夫だよ。僕もすぐそっちに行くからね」と言ったら、僕は「そうかい、待ってるよ」と言って、安心して目を瞑《つむ》るだろうと。そんな気持ちすらしたものですね。渥美さんの後ろ姿が、偉い宗教家のように見えました。

黒柳　本当に心配だったんでしょうね、山田さんのことが。

山田　いたわりの気持ちみたいなものを、うわーっと感じました。あの人にしかできないことですね、それはね。

黒柳　酸いも甘いもわかっていた人という感じがしますものね。それが、最後の映画を撮っている時のことだったんですね。

小さき友に寄り添う心

黒柳　私ね、山田監督とこうして渥美さんのことをお話しするんで、なにか渥美さん関係のものがないかなと思って、家を探したんです。そしたらね、お手紙とテープが出てきたんですよ。

山田　ええ、ええ。

黒柳　体の不自由な子が渥美さんにファンレターを出したんです。そのお返事を渥美さんはテープに吹き込んで送った。おうちの人がそのテープを大事に取っておいて、ダビングしてお手紙と一緒に私に下さったんです。「黒柳さん。渥美さんと親しくされてご存知でしょうが、映画の中の寅さんのイメージしかわからない私どもは、渥美さんの優しさに触れて今でも思い出、大切にしております。」と手紙にあります。渥美さん、書くのではなくテープにしたのね。面倒だったのかな？

山田　声で伝えるのがいいと思ったんじゃないですか。

黒柳　そうですかね。ちょっとこれ、かけていただいていいですか。渥美さんです。

（テープの音声　渥美さん）

「こんにちは。おばあちゃんからお手紙いただきました。僕は寅さんの映画に出ている、おじさんです。名前は渥美清といいます。よしお君は毎日元気でやってますか。僕は、今、こうやって元気そうに見えますけども、生まれたときはね、一九〇〇ぐらいしかなかったんです。お父さんの片っぽの手のひらの上にちょこんと乗っかったくらいに、それは小さな赤ん坊でした。あまり体が丈夫でなくて、小学校も休む日の方が多くてね、全部を通して、四年ぐらいしか行っておりません。

いろんな病気をしました。ほとんど体操の時間は、一人ポツンと運動場に立って、みんなのことを見ている方が多かったです。それから大きくなって、二十五歳の時は、また病気をしました。これで死ぬか生きるかくらいの大きな手術をして、10日間ぐらいは、もう助からないんじゃないかなと言われるくらいに危篤でした。

今でもあまり無理ができません。僕のことをいつもいつも最後まで心配してくれていたおふくろも、もういません。生まれた時から、親子四人きりの家族でしたが、一番初めにお兄ちゃんが、そしてお父さん、お母さん、みんな死んで、僕一人だけになりました。でも、体を大切にして一生懸命生きています。僕の体のことだけを家族の人は心配してくれました。だから、僕が自分の体を大切にするということは、僕の家族を大切にすることだと思っています。

よしお君も、つらいことや、じれったいことや、悲しいことがたくさんあるでしょう。でも、もっとつらい人がいっぱいいます。おじさんは何年間か遠いところの療養所に入っていました。そのとき、そういう人をいっぱい見ました。それはもうきりがありません。おばあさんや、おうちの人の言うことをよく聞いてね、可愛がられるようにしてください。そして、楽しく元気に毎日を過ごしてください。

おじさんも、映画やテレビに出るとき、よしお君のこと思い出します。わざわざお手紙をくださったおばあちゃん、それから一生懸命働いてるお父さんに、よしお君からよろしくお伝えください。それでは、さよなら。

黒柳　……。

山田　素晴らしい。完璧という感じがしますね。なんと心がこもっていることか。こういう人なんですよ、渥美さんってね。

黒柳　ええ、ええ。

山田　チラチラと少年時代の話は聞くけども、ちょっと僕らの想像を超えていますよね。何なんだろう、この人はと。優しくて、温かくて……けれど芯の方には、なんというかな。沁《し》み通るような寂しさがありますよね。

「運転手さん、熱海まで！」

黒柳 あとね、思い出したんです。渥美さん、山田さんのことを話してたことがありましたよ。いつ頃かな、渥美さんと映画か、芝居か、何かを観に行った帰りに歩いてる時に、私がふと思って「今ごろ、山田さんはどうしてるかな？」と言ったんですよ。もう寅さんに出はじめていたころでね。

山田 ええ。

黒柳 そしたら渥美さん、「山田さんは今、旅館で本を書きながら、血の汗流してますよ」と。そう言いましたね。

山田 ……。

黒柳 どんなに大変なことかというのが、よくわかっているんですよね。普通だったら、「大変なんじゃない？」とか、他人事のような言い方になりそうなのに、そんな言い方じゃないんです。「血の汗を流してる」って。

山田 ありがたいな。渥美さん、そんなふうに思ってくれていたんだ。

黒柳　「血の汗」と、たしかに言いましたね。

山田　今はもうなくなってしまったんだけど、赤坂に定宿にしていた旅館があって、いつもそこに籠もって脚本を書いていたんですよ。渥美さんは時々、ふらっと陣中見舞いにお煎餅なんかを持ってきてくれたり、時間によっては「晩飯一緒に行きましょう」と言って、ご馳走してくれることもありました。一緒に本を書いている助監督と二人、渥美さんに誘われて銀座で晩ご飯を食べてね。

黒柳　ええ。

山田　8時頃になるとまた旅館に戻って、そこから本格的に仕事するんですよ、夜中にかけて。だけどある時、渥美さんが代官山の事務所に帰るタクシーに乗せてもらって、赤坂まで送ってもらう途中にふと、これからまた脚本か、嫌だな、と思ってね。「このまま熱海にでも行って、温泉に浸かりたいな」と呟《つぶや》いたんです。一緒にいた助監督の朝間義隆くんも「いいですねぇ」なんて言って。そしたら渥美さんがね、「そうしましょう、行きましょう。運転手さん、熱海までお願い」と言うんですよ。

黒柳　ええっ！

山田　運転手さんは大喜びですよ。「わかりました！」とすぐに高速に乗っちゃう。

黒柳　その頃の渥美さんはもう、お金持っていたのかな。

山田　もう持っていた頃だと思いますね。

黒柳　それで、本当にいらしたんですか？　熱海に。

山田　さあ、どうしようと困っちゃってね。「これから熱海だなんて、すごいことになっちゃったけど、でもなあ、明日の朝10時にプロデューサーが旅館にやってくるんだな、キャスティングの打ち合わせをしなきゃいけないんだな……」とか、いろいろ考えてしまうわけです。今夜はいいけど、朝になってバタバタと新幹線に乗って早く帰らなきゃいけない、そういうのはよくないよなあって。

黒柳　そうですねえ。

山田　それで、やっぱりやめた方がいいなと結論したんです。だけど渥美さんに言うと、「いいじゃないですか、一日や二日どうでも！」と言うんですよ。

黒柳　ふふ（笑）。言いそう。

山田　さんざん遠慮して結局、「申し訳ないけど、やっぱりやめます。脚本が終わってからにしてください」と前言撤回しました。渥美さんが「運転手さん、やめたってさ。赤坂に行ってちょうだい！」と頼んで、来た道をまた戻ってね。それで渥美さんと別れたあとで、朝間君と話したんですよ。

黒柳　ええ。

山田　もし本当に行ったとしたら、それは楽しかっただろう。けれどこうして、結局行かなかった方が、行ったよりもよっぽど楽しい気持ちを、夢を抱かせてもらえたんじゃないかって。もし行っていたらきっと夜は夜でヤキモキするし、朝は慌ただしいし、いろいろと後悔してしまうかもしれないわけで。

黒柳　はい。

山田　つまり実際には行かなかったわけだけど、「もし行ったら楽しかったんだろうな」という期待を、可能性を、渥美さんはポンと与えてくれたわけです。それはもしかすると、本当に温泉に行って楽しむよりも、幸せなことなんじゃないかという話をしました。今でもそのことをよく思い出しますね。「運転手さん、熱海まで」って言った時は本当にびっくりしました。渥美さんは、そういうことができる人なんですね。

黒柳　本当にね。大胆な人ですよね。

山田　そう、大胆。ただし、そういうことができる人になるためには、大胆さ以外にも必要な条件がありますね。まず、暇でないと。当分のスケジュールを気にしないでいいということ。

黒柳　そうね。

山田　それから、いちいちマネージャーとか、女房に断らないでもいいということ。

黒柳　自由でなくちゃね。

山田　そうなんです。そして、熱海を往復するぐらいのタクシー代を持っているということ。いきなり熱海に行って泊めてもらえる、付き合いのある旅館があること。こんな条件、なかなか揃わないですからね。

黒柳　そうですよね。でもそういうところが、渥美さんにはありました。「いいよ、行っちゃおうよ！」なんていう感じで、アフリカにも行っていましたから。

山田　そうですねえ。女の人を口説くのも簡単だったんじゃないかな。「札幌のラーメン食べたいな」と言われたら、「食べたいね、行こうか？　じゃあ運転手さん羽田へ」なんてね。

黒柳　そうですね（笑）。

かけがえのない友よ

黒柳　山田さんは、渥美さんという人に出会って、どんな影響を受けたと思いますか？

山田　それはもう、大変な影響です。もし渥美さんに出会えていなかったら、どんな人生を送っていただろうと思いますよ。

黒柳　ええ。

山田　映画監督として僕はそんなに才能があるわけじゃないし、たぶん、誠に平々凡々たる作品を何本か作って、おしまいになったんじゃないのかな、やっぱり。渥美さんというすごい才能に僕が巡り合えて、渥美さんの歯車に合わせて僕の歯車も回りだして、そうすると新しい発見が生まれる。僕自身についての発見がね。渥美さんという存在に励まされ、激励されながら、寅さんを作り続けられた幸運というものを、今改めて思いますね。

黒柳　そうですよね。二人揃っていなくては、できなかったんですから。

山田　『男はつらいよ』シリーズというのは、僕にとって一番大事な作品です。しかも喜劇ですから。僕の夢は結局、観客が楽しく笑える映画を作ること。大笑いできる、お腹抱えて笑う――そういった作品を不十分ながらも、寅さんという映画で作れたのは、渥美さんがいたからこそなんです。なんだろうな。たとえば、小津安二郎が笠智衆《りゅうちしゅう》に巡り会えたこと。あるいは黒澤明が三船敏郎に、ジョン・フォードがジョン・ウェインに出会えたと言うこと。やっぱり素敵な素材がいなければ、素敵な映画は生まれないですからね。黒澤さんたちに並べて言うのは誠に恐縮だけども、僕にとっては渥美さんに巡り会えたことが、もうかけがえのないことなんです。

黒柳　そのおかげで日本中の人が、お正月になるとみんなで寅さんを見て笑っていた。あの何十年間は、みんなが幸せでしたもんね。

山田　そうですね。二十七、八年ですが、たしかに寅さんの映画はまだまだ人気があった。正月は溢《あふ》れるほどの人で、映画館も大賑《おおにぎ》わいでね。あんな時代があったんだと懐かしく思うな。

黒柳　ほんと。

山田　なんかだか、日本人はみんな元気があったんですね。あの時代は。

黒柳　そうですね。

山田　大きな声で「待ってました！」と客席から叫んだりね。

黒柳　そうそう！

山田　「寅いいぞ‼」なんて叫んだり。

黒柳　そんなふうでした。

山田　どうして今の映画館は「静かにしてください」とか、「足で蹴っちゃいけません」とか、そういうことを強要されるんだろうかと思いますよ。

黒柳　あはは（笑）、そうですよね。

山田　楽しみに来たんだから、飲んだり食ったりして構わないし、大声で笑ったり叫んだりしていていいんですよ。

黒柳 私もそう思います。静かにしてないといけないんですよね、今はね。

山田 寅さんがヒットしてた時代は、やっぱ日本人全体がもっともっと元気だった。

黒柳 そうだったような気がします。

山田 そういう時代のはじまりを予感させるものとして、テレビジョンもあった。渥美さんや徹子さんたちが作り続けてきた、あのドタバタ大ナンセンスコメディのテレビですね。ああいう陽気さと、活力が今とても羨ましいと思いますね。

黒柳 そうですね。ほんと。

山田 若い才能がテレビ局に集まって、みんなでワイワイ言いながら作っていくという。それこそ中華料理を分け合って食べながら。青春期だったんだな、この国の文化も。

黒柳 そう思いますね。本当に。

山田 徹子さんにとって、改めてどうですか、渥美さんという存在は?

黒柳 あれ以来、ああいう友達はいないです。男性ではあったけども、本当にいろんなことを話し合ったり、一緒に芝居見に行ったり。向こうから誘ってくれる時も、何か秘密がありそうで、なさそうで……。ああいう友達はもういないですよね。

山田 そうでしょうね。

黒柳 なんだかやっぱり渥美さんがいなくなってから、本当に寂しいと思います。こっちから電話してね、すぐに返事の電話をくれないと、「何していたの！　どこに行ってたの？　女の人連れて、温泉にでも行っていたんでしょう！」とか、そんなことを言える人いないですもん、私。

山田 本当に不思議な関係ですね、渥美さんと徹子さんって。男と女なんだけども何ともね、色気がありながら不思議な感じですね。

黒柳 そう思います。

山田 同志とでも言うのかな。志を同じくした人間同士だけが持てる、独特のコミュニケーションというかな。

黒柳 悔しいとか、何か失敗したとか、そういうときも一緒に、同じようにそう思えたりするんです。

山田 生まれ育った文化は全く対照的な二人がね。そういう終世の友情を交わし合えたのは、奇跡みたいですね。

黒柳 そう思います。

山田 近頃、思うんだけれどね。サーカスに出てくる〝クラウン〟というのがいるでしょう。いわば〝道化〟ですね。

黒柳　ええ。

山田　化粧をして、派手な服着ているような。ヨーロッパではクラウンはとても重要な存在で、長い伝統があるんですね。シェイクスピアの戯曲にも彼らは出てくる。

黒柳　そうですね。すごく人気がありますね。

山田　そうでしょう。寅さんというキャラクターはつまり、〝クラウン〟なんじゃないかと思うんです。ピエロとはまたすこし違う。情けない目に遭うばかりのピエロとは違って、クラウンにはなんだか風格がある。そして、非常に自由ですね。体が柔らかいからひっくり返ったり、逆立ちしたり、めちゃくちゃハチャメチャ。人が想像できないような動きを軽々やってのける。観ているととても楽しくて心地いいんです。寅さんは、渥美さんが中に入っているクラウンなんじゃないかな。

黒柳　わかる気がします。

山田　それでね、渥美さんと徹子さんが楽しそうにおしゃべりしていた姿を思い出すと、やっぱり徹子さんもクラウンに見えるんですよ。渥美さんが愛してやまなかった徹子さんもまた、女性のクラウンという位置にいる人なんだ。

黒柳　私も？

山田　そうです。女性のかわいらしいクラウンと、渥美さんというクラウンが楽しそうにしているのを、なんだか別の世界に生きる二人を見るように、僕らは眺めている。ひと言で言えば、二人にはやはり自由というものがあるんですよ。何者にも拘束されない。法律も、常識も、厳しい決まりごとは全部、めちゃくちゃにしちゃう。そういう道徳律から解放された、自由なものに触れる、目にする快感。あるいは救いですかね。そういう点でクラウンは人間社会において、非常に大事な役割を果たしているんです。僕たちが喜劇を求める、喜劇で笑うというのは、そういうことだと思うんですよ。そしてそれを表現できるのは、渥美さんや徹子さんのような、本当に限られた人たちなんです。

黒柳　どうかしら。でも、渥美さんはそういうところがありました。

山田　その二人がね、楽しそうに笑っているという光景。その光景がなんだか僕の中に幻のように残っているわけですよ。ちょっと普通の人じゃない、魂の自由というかな。

幻の『男はつらいよ』新作

黒柳　もし渥美さんとまた会えるとしたら、どうしますか？

山田　そうだね。渥美さんが生きていて、元気だったら、それは寅さんを作りたいです。

黒柳　ねえ。寅さん、作りたいですよね。

山田　おじいさんだったっていいんですよ。いい歳したジジイなんだけど、まだ恋をする。困ったジジイの話を作りたいですね。徹子さんが恋人で。

黒柳　嬉しい。とてもいいと思います。

山田　どんなに歳を取っていたって、渥美さんがただそこにいるだけでも、あの自由闊達《かったつ》な精神みたいなものが、バアっと溢れてくるわけです。体が年寄りでもいいんだから。そんな芝居が必ずできるはずです。

黒柳　本当にね。元々、私がマドンナ役になる寅さんの構想があったと聞きました。

山田　そう。「もう一本作るなら、どうしようかな」と考えていたんです。そういう場合には必ず、マドンナは誰がやるか、ということになるんですね。

黒柳　はい。

山田　ストーリーを先に考えることもありましたけれどね。マドンナが先に決まる方が、どちらかと言うと多かった。「今度は吉永小百合だ」「浅丘ルリ子だ」とかね。ある時にね、「いよいよ徹子さんじゃないか？」という話をみんなでしましたよ。

黒柳　そうでしたか。

山田　徹子さんだったらどんなマドンナになるだろうと考えるとね、きっと寅次郎がまだ会ったこともないようなタイプの女性なんです。チャキチャキ歩いて、喋るのが早い、非常に知的な人。

黒柳　どこかで聞いたような（笑）。

山田　そうでしょ（笑）。ジャック・ブラックという僕のとても好きなアメリカのコメディアンがいるんですよ、ちょっと太った男でね。彼の出ている映画で『ナチョ・リブレ 覆面の神様』というのがあるんです。修道院で雑用なんかをしている男が、孤児に勉強を教えているシスターに惚れる。男はシスターを金銭的に助けるんだと言って覆面レスラーになるんだけれど、その話がモデルですね。つまり、教会に徹子さんが演じるシスターがいて、そこに渥美さんが出入りするようになる。ゴミを出したり、いろいろ働いてね。そういうシチュエーションを考えました。

黒柳　まあ、シスターですか。

山田　ええ。徹子さんがどんな仕事をしているかと考えると、やっぱりシスターだなって思いますね。寅次郎は、徹子さんに会うといつも口をポカンと開けて、ありがたい話を聞いている。団子屋に帰って、「今日はどんなお話をしていたんだ」と聞かれても、何も覚えてねえ、俺、あの人の顔を見ているだけだったっていうね（笑）。

黒柳　はい（笑）。

山田 お二人が出会って、仲良くなるまでのことを映画で再演できるわけです。

黒柳 そうですね。はじめは「このアマ！」って。

山田 そう、「このアマ！」（笑）。「あの手のアマは俺、苦手なんだ」と帰ってきてさくらたちに言うんですね。

黒柳 「アマとおっしゃると？」と返してきたのが、もう嫌だ嫌だと（笑）。

山田 はい。「だけど、話を聞いていると、そんな悪い人じゃないみたいだよ」なんて、みんなが言って。

黒柳 はい。

山田 さくらは、「『このアマ！』だなんていきなり言われたら、私だって『アマとおっしゃると？』と聞き返すわよ」と言う。それから、徹子さんが『星の王子さま』を渥美さんにあげたように、シスターが聖書を手渡したりなんかする。

黒柳 そうか。

山田 よくよく話してみると、二人はすっかり通じ合うんですよね。当然、寅次郎は激しく恋をする。ある時、教会で『無法松の一生』の紙芝居を観て、彼はそれをすごく気に入るんです。あれは最後に「あっしは汚れていますす」という有名なセリフを吐いて別れを告げるんだけれど、シスターの方にも事情があって、他の教会に移らなければならなくなる。お別れに行かなきゃいけない。その時に、渥美さんは一世一代の芝居をするんだな。

黒柳 ……。

山田 「あたしは汚れております」と言う。ところがシスターは、「どこが汚れてるの？　汗かいたなら、お風呂にお入りになったら？」なんて返す。「いや、そういうことじゃないんですけど……」と。そこにナレーションが入りましてね。

黒柳 ずいぶん細かいんですね（笑）。

山田 ええ（笑）。ナレーションはこうです。
〈寅次郎は一世一代の告白が見事に失敗したと思ったが、そうではなかった。シスターは教会の中でふっと振り返って、出て行く寅のことを見た。その目には涙がポロポロ流れていた〉
わからないふりをしたシスターに、寅の告白はちゃんと伝わっていたというね。

黒柳 ……すごい。

山田 そんなことじゃないかな、と思って（笑）。

黒柳 いいなあ！　やりたかった。その役だったらやりたかったなあ、私！

特別原稿
幻の新作
『男はつらいよ 寅次郎福音篇』
（抜粋）

作　山田洋次

車　寅次郎　　渥美清

透子《とうこ》（シスター）　　黒柳徹子

諏訪さくら　　倍賞千恵子

車　つね（おばちゃん）　　三崎千恵子

車　竜造（おいちゃん）　　下條正巳

御前様　　笠智衆

〈あらすじ〉

寅次郎はいつものように旅先で望郷の念に駆られ、切符を買って列車に乗り上野の駅に着くと、売店で買った安物のお土産のわさび漬けを片手にぶら下げ、柴又の懐かしい実家「くるまや」に帰り着く。例によってさくらやおいちゃん、おばちゃんたちとひと騒ぎがあった後、しばらく滞在することになる。

しかし、平和な暮らしは長続きしない。ある日つまらないことで大喧嘩をした果てに、「こんな家、頼まれてもいてやるもんか。俺は出て行く」とトランクを取りに二階へ駆け上がる。竜造とつねはなんとかして引き止めたいが、腹を立てたさくらは「もう放っておきなさい。こんなことをしていたらキリがない。出て行くと言ったって、今度ばかりは私、引き止めないから」と珍しく強く言う。

くるまや（店）

ドタドタと二階へ駆け上がる寅。
つねと竜造はおろおろしている。

つね「いいのかい？　あんなこと言って。本当に出て行っちゃうよ」

さくら「出て行けばいいのよ」
椅子に座って興奮を抑えるさくら。
はらはらしている竜造とつね。

竜造「えらいことになってしまったなあ」
店の表に外出姿の二人連れの修道女、つまりシスターが現れ、
年配のシスター・透子が店に入る。
竜造とつね、慌てて迎える。

つね「いらっしゃいまし」
透子、美しい笑顔を見せ、丁寧に語りかける。

透子「こんにちは。こちらのお団子が美味しいと伺って参りましたが、一箱いただけますでしょうか」

つね　「はい、はい、どうぞどうぞ」

慌てて団子を取りに行く竜造とつね。

さくら、立ち上がり、お茶の支度をしに行く。

さくら　「どうぞおかけください」

透子　「ありがとうございます」

手招きをすると、若いシスターが遠慮がちに入ってきて一礼し、

珍しそうに腰を下ろして、あたりを見回す。

心配そうに二階を窺《うかが》うさくら。

台所で団子を包む、竜造とつね。

竜造　「おい、二階に上がって、降りてきちゃダメだと言え」

つね　「ダメって、そんなこと言えるわけないだろ」

竜造　「だって、降りてきちゃうぞ。あの美しい人たちとばったり会うんだぞ。

その先についてお前、責任取れるのか」

そこへトランクをさげ、上着を羽織った寅が苦虫を嚙み潰した

ような顔で降りて来る。

寅次郎　「なんだ、なんだ。みっともなく夫婦喧嘩なんかしやがって」

二人をかき分けて表に出る寅。

寅次郎「さくら、今度いつ帰ってくるかわからないけどな、博と仲良くやれよ。おいちゃん、おばちゃんみたいな醜い夫婦喧嘩をするんじゃないぞ、本当にみっともないんだから」

店を出ようとする寅に、透子が立ち上がって上品に頭を下げる。

透子「こんにちは」

ポカンとしていた寅、慌てて返事をする。

寅次郎「はい、こんにちは。あのう、看護師さんですか？　どちらの病院？」

透子、微笑む。

透子「私たち、教会にお勤めしています」

さくら、慌てて口を挟む。

さくら「お兄ちゃん、知っているでしょう。二丁目の郵便局の向こうにある柴又教会。あそこのシスターでいらっしゃるのよ」

寅次郎「シスター？　つまり、妹さんですか」

さくら「違うの、そう言うことじゃなくて」

透子、笑いながら答える。

透子　「私たち、教会の神父さまのお手伝いをしております。神に仕える私たちのような者をシスターと言いますの」
寅次郎「ああ、そうですか。僕、こいつのブラザーです」
透子　「あ、お兄さまですか」
寅次郎「はい。団子屋のおじさまのお手伝いをしております」
透子、口を押さえて笑う。
つねが団子の包みを持ってくる。
つね　「はい、お待ちどうさまでした。五百円頂戴します」
寅次郎「お金なんかいいんだよ、神様に捧げるんだから」
透子　「いいえ、そういうわけには。これは私たちがいただくんですよ。よもぎのお団子」
寅次郎「ええ！　こんなくそ甘くて歯に引っ掛かるような変な食いものをお食べになるんですか？」
透子　「いただきますよ、それは」
透子、笑いながらお金を払う。
透子　「それじゃあ、お兄さま。失礼します」

寅次郎「これからどちらへ？」
透子「教会に」
寅次郎「そこまでお送りします。この辺はガラの悪いやつが多いですから」
表できょとんとしている源公を追い払う寅。
さくら「ありがとうございました。どうぞ神父さまによろしくおっしゃってください」
透子「失礼します」
透子、頭を下げ、若いシスターを連れてお寺の方へ立ち去る。
寅次郎「もし遅くなったら晩飯は先に食っといていいからね」
さくら「あら、帰ってくるの」
寅次郎「当たり前だ、ここは俺のうちじゃねえか。おれはブラザーなんだぞ」
さくら、うんざりしたように答える。
さくら「そうね、よかったわね」
寅次郎「じゃあな」
あたふたとシスターの後を追って店先を去る寅。
いつの間にか社長が来て、台所から顔を出して眺めている。

竜造「おい、見たか」
社長「見た、見た。美しいシスターとの恋か。これは絶対叶うわけがないんだからな。楽しみだねえ、これから」
竜造、ムッとする。
竜造「さくら、こんなやつともう付き合うな！」
さくら「そうする」
社長「ご、ごめん、ごめん。そんなつもりで言ったんじゃないんだよ、ごめんね」
社長、言い訳をしながらあたふたと台所を出て行く。

〈あらすじ（つづき）〉

かくして寅と美しいシスターとのラブロマンスが柴又を舞台に展開される。寅は聖歌隊の一員となり、懸命に歌を歌うが、「ハモる」ということが理解できなくて聖歌隊のメンバーと常に口論になっている。ある日、家に帰って博から和音についての説明を受け、さくらと博が和音を綺麗に歌ってみせると、寅は感心して聴く。「なるほどねえ。なんかこう、気持ちよくなるなあ、じっと聴いていると。いつの間にかぶわあっと広がるんだ。あの人の姿が」「あの人って？」と尋ねるさくらに、寅が答える。「決まっているじゃないか、シスターよ」。

やがて寅次郎がキリスト教に改宗するという噂が立ち、御前様は「教会があの男を引き受けてくださるのはありがたいが、結局イエス様にご迷惑をおかけすることになるのではないか」と心配したりする。

シスターたちの清貧な暮らしを見習い、自分のテキ屋の売上はほとんど寄付をする寅次郎。「くるまや」の家族にも寄付を迫るようになり、子分の源公はいつの間にか教会の掃除夫になっていて、寅のことを「ブラザー」と呼びかけたりしている。教会のバザーでは、場違いな啖呵売《たんかばい》をしてみんなを笑わせたり、旅先で目にした市民劇団による『無法松の一生』を再現してみせて喝采を得たりもする。

そして、別れの時がやってくる。北海道の修道院、かねがね透子はそこで晩年を過ごすことを希望していた。彼女は生まれつきの信徒ではなくて、修道院に入るにあたっては深い心の傷を抱いているのだった。

柴又教会での最後の日、信徒たちは透子に習った讃美歌を歌い、別れのプレゼントにする。しみじみとした挨拶をする透子、信徒たち。寂しさを胸に抱えて、教会を立ち去る。

柴又教会の中

別れを惜しむ信徒を送り出し、一人になった透子。使い慣れたオルガンの鍵盤を拭いている。ふと気がつくと、入り口に寅が立っている。

透子「あら、寅さん。先ほど、お店に伺ったんですけど」

寅、頷いて歩き出し、キリストの像の正面に立ち両手をあわせる。

その寅次郎に近づく透子。

寅次郎「さくらから聞きました。遠い北海道にシスターは行ってしまうんですね。やっぱりこんな仕事にも転勤があるんですか」

透子「そうじゃなくて私は、晩年をその修道院で過ごしたいとかねがね思っていたの。その希望がようやく聞き届けていただけたので、急いで行かなくちゃいけないの」

寅次郎「そのなんとか院を卒業なさって、また柴又へお帰りになるんですか？」

透子　「いいえ、そうじゃなくて、そのままずーっと」
寅次郎　「まさか、一生そこで過ごすわけじゃあないんでしょう？」
透子　「……いいえ、そうなのよ」
寅、しばらくぼんやりしている。
寅次郎　「いつも俺は気にしていたんだけど、もしかして俺が信者の皆さんにご迷惑をかけていたんじゃないでしょうか」
透子　「どうして？　ちっともあなたは迷惑なんかかけていないわよ」
寅次郎　「でも、俺みたいな馬鹿な男が調子に乗ってくだらないことペラペラ喋ったりなんかして、きっとあのイエス様はご迷惑だったに違いありません」
透子、慌てて手を横に振る。
透子　「違うの、それは違うのよ、寅さん。イエス様はね、きっと寅さんのことお気に召しているにちがいありませんよ」
寅次郎　「なぜです、こんなくだらない男のどこが」
透子　「あのね、イエス様と言えば、どうしても皆さんが尊敬する、とても偉くて立派な人で、そばに近寄りがたいような、そんな人を想像するでしょう？　でも、本当は違うと思うの。本当は、おしゃべりがお上手で、面白い話もたくさんなさって、人気があって、大勢の人たちと一緒にお酒を飲んだり、ワイワイ騒いだり、そんなことがお好きな方だったんじゃないかと、そんなイエス様ならきっと寅さんとは仲良しになれたのじゃないかと私は思うの」

悄然《しょうぜん》としている寅。

寅次郎「いいんですよ、慰めてくださらなくても」

透子「そうじゃないの、私、本当にそう思っているんですよ、寅さん。あなたと別れるのはとても悲しいわ」

透子にじっと見つめられている寅、慌てて目をふせる。

寅次郎「あんたに、すまねえ」

透子「どうして？」

寅次郎「俺は――汚れてる」

透子、どぎまぎしながら答える。

透子「――どこが？　ちっとも汚れてなんかいないわよ」

寅、一、二、三歩後退《あとずさ》りをする。

寅次郎　「いいえ、そういうことじゃなくて——じゃあ、ごめんなさい」

寅が踵《きびす》を返し、椅子の間を通って表に出て行く。

ナレーション　「寅さん、一世一代の愛の告白は、決して空振りではなかった。もし寅さんがあの時、振り返っていればそれがわかっただろうに」

寅の去る後ろ姿を見送る透子の目から、涙が一筋こぼれ落ちる。

（F・O）

さくらから事情を聞いた御前様がため息まじりに答える。「そうですか、シスターに恋をしましたか。それはまずかった。さぞかしシスターもお困りになったでしょうなあ。いやあ、まずかった」。一旦、イエス様にお預けしようと思ったが、再び自分が寅を引き受けるしかないだろうと呟く御前様の言葉に、恐縮するさくらだった。

数ヶ月後、津軽半島の先端・龍飛岬《たっぴみさき》の小さな神社のお祭りで、寅は陽気な声で啖呵売を演じている。

眼下に広がる津軽海峡。遥か彼方に北海道、そこに透子の住む函館の街があるが、決して海を越えてはいけないと寅は自分に禁じている。「函館はあの人が神に仕える美しい生涯を過ごす聖地だから、俺やお前のような汚れた男が行ってはいけないいんだ」と仲間に説教する寅だった。

終

山田洋次（やまだようじ）

映画監督。1931年生まれ、大阪府出身。東京大学法学部卒。助監督として松竹入社。1961年『二階の他人』で監督デビュー。1969年『男はつらいよ』シリーズ開始。第1作から50周年を迎えた2019年には『男はつらいよ　お帰り　寅さん』を公開。他に代表作として『家族』、『幸福の黄色いハンカチ』、『学校』、『たそがれ清兵衛』、『家族はつらいよ』、『キネマの神様』、『こんにちは、母さん』など。また演劇では歌舞伎作品『人情噺文七元結』を補綴、演出。他に新派「麥秋」、「東京物語」、舞台「さらば八月の大地」、「マリウス」、2023年には歌舞伎座にて「文七元結物語」の脚本・演出をてがけた。

黒柳徹子（くろやなぎてつこ）

東京都生まれ。女優、ユニセフ親善大使。東京音楽大学声楽科卒業後、NHK専属のテレビ女優第1号として活躍する。『徹子の部屋』（1976年2月〜、テレビ朝日）の放送は、同一司会者によるテレビ番組の最多放送世界記録を更新中。1981年に刊行された『窓ぎわのトットちゃん』（講談社）は、国内で800万部、世界で2500万部を超える空前のベストセラーに。1984年よりユニセフ親善大使となり、のべ39ヵ国を訪問し、肌囲、戦争、病気などで苦しむ子どもたちを支える活動を続けている。おもな著書に『トットチャンネル』（新潮文庫）、『チャックより愛をこめて』（文春文庫）、『トットちゃんとトットちゃんたち』『続　窓ぎわのトットちゃん』（講談社）などがある。

企画協力　松竹株式会社
取材協力　岡崎栄（元ＮＨＫディレクター）
　　　　　小松昌代（ＮＨＫエンタープライズ）
写真提供　永麻理
　　協力　ＮＨＫ
　　　　　テレビ朝日映像株式会社
　　　　　ＮＨＫグローバルメディアサービス
構成協力　小池水音
写真撮影（１８１Ｐ）　下村一喜
写真（カバー）　松竹株式会社
ブックデザイン　鈴木成一デザイン室

渥美清に逢いたい

二〇二四年九月五日　第一刷発行

著者　山田洋次＋黒柳徹子

発行者　鉄尾周一

発行所　株式会社マガジンハウス
〒一〇四-八〇〇三　東京都中央区銀座三-一三-一〇
書籍編集部　☎〇三(三五四五)七〇三〇
受注センター　☎〇四九(二七五)一八一一

印刷・製本　株式会社リーブルテック

ISBN978-4-8387-3279-1 C0074

マガジンハウスのホームページ https://magazineworld.jp/